非常識に売れる最強メニューが

だれでもつくれる成功方程式

大久保一彦
Kazuhiko Okubo

ぱる出版

まえがき

売れるカギは〝本当に満足させられるかどうか〟にかかっている！

「食べ歩き」という言葉があります。

人はなぜ食べ歩くのでしょうか。

「おいしいものに出会うため？」

「食べログやブログなどのSNSで発信するため？」

「もっとおいしいものがあるはずだから？」

――などなどいろいろな理由があるでしょう。

私はこの10年、この理由探しに没頭してきました。そして、たどり着いた結論がこうです。


「おいしいと思う〝満足感〟は経験や学習によって変わり、経験によって上昇する」

この「満足感」という、漠然とした印象に対して、より精度の高い答えを探すべく、私は肩書を「飲食店のための勉強代行業」と変更して、勉強熱心な塾生さんを募り始めました。それが「大久保一彦繁栄塾」です。

塾生のみなさんには、安い店から高い店まで、私が食べ歩いたさまざまな人気店を日々の変化まで掘り下げて研究を重ね、マニアックなレポートにして毎月お届けしております。

そのレポートの中から、お客様が看板メニューなどの名物料理を目指して来店するメカニズムを２０１３年までの段階での仮説を『非常識に稼いでいる飲食店だけがやっている儲けのルール』（ぱる出版刊）の第1章と第2章にまとめました。

誰もが持つ「おいしさの採点表」の数値化にチャレンジ

あれから2年の間、私はヒットメニューをつくりだす構成要素の〝数値化〟にチャレンジしています。

前著で、ヒットメニューをつくりだす構成要素を紹介しましたが、これを数値化していくというものです。おいしさという要素は人それぞれの嗜好性が高く、数値化することははっきり言って難しいのですが、それをどう実現するかということを、前著を書き上げた後、ずっと考えてきました。

そして、「人は無意識のうちに自分自身が持つ採点表で採点しているのではないか」という仮説に至りました。そして、人それぞれが持つ「おいしさの採点表」はどのような項目や点数配分になっているのか。その採点を合計するとどういう結果が出るのか。数値化すれば評価がもっとわかりやすくなるのではと考えたのです。

私は、「おいしさの採点表」に興味を抱くようになったわけです。〝おいしい〟と感じる評価感情を数値化するプロジェクトに挑んだのです。

そして、そのおいしさの評価項目の検証と点数化の研究を始めました。その結果、誰もが持つおいしさの評価項目は、おおよそ4つのタイプに分類されることがわかりました。

①人間という動物としての評価項目（満腹感）
②それまでの人生で身につけた評価項目（いままで食べてきたものから得た見識）
③その料理にふれると、急に評価が高まる項目

④これから見つけることができる評価項目（これから覚えていくことやもの）

「おいしさの採点表」で大きなウエイトを占めるのが③の「その料理にふれると、急に評価が高まる項目」です。これは、見たことがない、食べたことがない料理に出会ったとき、自分自身があらかじめ持っている採点表にはなかった新たな項目として加わるということです。

具体的には、

「見た目がデカい」

「斬新な器を使っている」

「サクッとした食感」

であるなど、五感に訴える評価項目です。自分自身の採点表だとたいした得点にならないけれど、五感に訴える評価項目が新たに加わると、プラス40点や50点くらい簡単に加点されるのです。

とくにビジュアル的な評価項目は、ブログやフェイスブック、「食べログ」などのSNSなどで誰でも評価できるようになった昨今はとても重要な要素ですし、加点される点数も高いのです。

今回、この数値化の仮説について、「食べログ」のレビュアーとしても有名になった私のもう一つの顔である〝ジェームズ・オオクボ〟の観点からもご紹介したいと思います。

本書は、ヒット商品の発想法の参考になるだけでなく、食べ歩きに役立つグルメ本としても役立つと自負しております。単においしい料理を紹介するだけでなく、その料理がなぜ評価されているのか、料理人や経営者の視点でおいしさを堪能していただけると思います。

これからも検証は日々行ないますが、まずは、私が実際に全国を食べ歩く中で出会った、素晴らしい料理の数々をご堪能いただけたらと思います。そして、もうひとつの肩書である「経営思想家」として、あなたの店を繁盛店に導く経営哲学も散りばめてご案内します。

なぜ、いまこの店が流行っているのか。

売れるメニューを数値化してみると、その原因がわかるのです。

大久保一彦

もくじ

非常識に売れる最強メニューがだれでもつくれる成功方程式

◎売れるメニューの要素をすべて《数値化》してわかったヒットメニューのつくり方を公開！

第1章 和食のコースをもっと売りたかったら〝ウニの茶碗蒸し〟を出しなさい！

◎なぜ、評価の高い店は、茶碗蒸しや土鍋ご飯などの〝脇役料理〟に力を入れているのか

第2章 非常識に売れるメニューをつくりたかったら“A5ランクの和牛”を出しなさい！

第3章
なぜ、〝非常識にデカい〟メニューは売れるのか

第4章
なぜ、「サクッ、ふわっ、とろ～」の食感メニューはお客様を幸せにさせるのか

第5章
お客様を食通へといざなう“プロの仕掛け”とは何か

◎食材の驚きの組み合わせ、絶妙な火入れ、エンターテイメント性も高まる食べ比べでの“顧客教育”などなど、お客様をお店の虜にする工夫を随所に！

第6章 お客様がメニューを評価する際に長所にも短所にも働く視点に注意！

◎お客様の期待を裏切ると一気にメニューの評判は落ちてしまう！

第１章
和食のコースをもっと売りたかったら“ウニの茶碗蒸し”を出しなさい！

◎なぜ、評価の高い店は、茶碗蒸しや土鍋ご飯などの〝脇役料理〟に力を入れているのか

1 お客様から〝圧倒的な評価を得る〟料理とは何か？

◆和食の定義は幅広くなっている

〝おいしさの数値化〟の話をする前に、メニューに対する人の評価（おいしさの採点表）は具体的にどのようになっているのかということにふれておきましょう。流行っている店のメニューづくりの考え方はどこが違うのか、ヒットメニューづくりのヒントにもなるはずです。

料理には、わかりやすい料理とわかりにくい料理があります。その料理が他店の類似商品と比べて〝明確〟に「おいしかった、満足した」と思ってもらい強く印象に残るか、あるいは〝単〟に「おいしかった」で終わるかの違いです。

一方で、「〝最初から〟味がわかるお客様はほとんどいない」と、私は言い続けてきました。この事実をしっかり頭に入れておかないと、お客様から評価されることができなくて、先の見えない状態で経営を続けることになります。

昨今は、スマートフォンの普及で情報ツールが大衆化して、その気になれば、誰でも簡単に「食べログ」などのサイトに登録してお店の批評を投稿することができるようになりました。『点数をつけるような「食べログ」はとんでもない！』という経営者もけっこういらっしゃいますが、お客様からの**どんな評価であってもプラスに考えれば、経営に役立てられる**というのが私の持論です。

そこで、私がここ数年研究している「食べログ」で人気の高い和食店のパターンを見ながら、評価されやすい料理はどんなものかを見ていきましょう。

2 なぜ、評価の高い店は「茶碗蒸し」に力を入れているのか

◆人気和食店が茶碗蒸しに力を入れている6つの理由

私は2012年から「おいしさの数値化プロジェクト」の検証を兼ねて「食べログ」のレビューを書いておりますが、"ジェームズ・オオクボ"というほぼ実名に近い名前で書いているせいか、レビュアーとして最近ご支援をいただいているようです。

食べログには多くの人の飲食店の評価が書いてありますので、そのレビューを分析するとさまざまな採点項目を見ることができて、おもしろいと同時にメニューづく

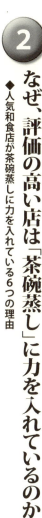

りにもたいへん役立ちます。

その中でとくにおもしろいのは和食のコースに出てくる**「茶碗蒸し」の評価**です。食べログで評価されている和食店の多くが〝茶碗蒸し〟に特徴があり、コースのしめは〝土鍋ご飯〟で終わるというパターンがあります。私は「食べログ」で評価が高い和食店を相当数食べ歩きましたが、その多くの店が茶碗蒸しを効果的に使っていることがわかりました。

和食店が椀にこだわっていても、お客様はそのこだわりがそれほどわからないものです。でも、刺身の違いはわからなくても、茶碗蒸しの違いはわかります。なぜなら、〝**わかりやすいメニュー**〟だからです。

そこで、まず茶碗蒸しの商品特性にふれておきましょう。以下の6つにまとめられます。

1　ほとんどの人が食べたことがある

日本に住んでいれば、卵嫌いであるとか、食わず嫌いであるとかでない限り、ほとんどの人が茶碗蒸しを食べたことがあるはずです。これが「ほとんどの人が食べたことがある」という要素です。誰も食べたことがない〝導入障壁〟という、新商品発売の前に立ちはだかる壁となる難題がありません。

この「ほとんどの人が食べたことがある」という既成事実によって、ほとんどの人が「茶碗蒸しってこういうものだな」という料理のイメージが確立しています。そのため、他店との違いがわかってもらえる確率が高くなるため、ヒット商品になる可能性や市場性があると言えます。また、〝人を選ばない〟ために波及効果も高いです。

2　共通した商品イメージがある

茶碗蒸しの基本的な構造は、「出汁＋卵＋具材」と画一的です。その構成要素を掘り下げて見ていくと、まず、出汁の味という外せない要素があります。続いて、エビ、鶏肉、シイタケ、ギンナンのような定番となる具材。それと、卵です。以上を蒸して固めているため、多くの人が好む、親しみやすく食べやすい構造になっています。たとえ嫌いでも、嫌いな具材を取り除くのが容易です。

このように、茶碗蒸しという料理は、多くの人に共通した商品イメージがあります。

3　外食（料理店）で味わう料理というイメージがある

先に挙げた二つの要素を斟酌《しんしゃく》すると、茶碗蒸しは、万人受けする料理と言えるでしょう。しかし、茶碗蒸しはカレーのように家でしょっちゅうつくって食べるという料理ではありません。蒸し器を持っていないご家庭も多いはずです。最近はスーパーで茶碗蒸しのパックが販売されていますので、電子レンジでチンして食べる方もいるでしょうが、スーパーで売っている茶碗蒸しは基本構造をしっかり押さえた〝ハズさない味〟であるケースが多いと思います。

ある意味、茶碗蒸しは〝外食して食べる〟というイメージのある商品です。言い換えると、戦略的な茶碗蒸しは外食でないと食べられない味になります。もっと大げさな言い方をすれば、〝ご馳走感が高い料理〟として受け入れられる余地があると言えるのです。

4　好き嫌いが出にくい

茶碗蒸しは、カレーやラーメンのように日常の食卓で、自分でつくって食べることは少ないため、それぞれの家庭の味ということではありません。家庭でつくらなければ、それぞれの家庭によって味が違うことから発生する好き嫌いが発生する個別的な要素が生まれません。

これは牛丼と似ているかもしれませんが、それぞれの人にとって、「自分が好きなのはこれだ」という好き嫌いがない料理と言えるでしょう。そのため、茶碗蒸しは多くの人にとって好き嫌いが出にくいのです。これが、茶碗蒸しが大衆層に受ける料理でありながらカレーやラーメンと異なる重要な商品特性です。店にとって茶碗蒸しは、うまく活用すれば、お客様への価値観を提供できる料理であると同時に、当たり外れがない安心して注文していただける商品と言えるでしょう。

5 商品に〝ひねり（変更）〟を加えても誰にでもわかる

共通した商品イメージというのは便利で、共通の商品の価値観を持っています。そのため、ひねり（変更）を加えた茶碗蒸しをつくると、それほど食経験がない人でもどこをひねったがすぐにわかります。そして、テーブルを囲む人たちの間で、そのひねりのおもしろさ、魅力を共有することができます。

6　脇役である（これがポイント！）

そして注目したいのは茶碗蒸しの位置づけです。茶碗蒸しは主役ではなく、脇役です。けっして主役になることはありません。この位置づけがとても大切だと私は考えます。

たとえば、テレビ番組を見ますと、主役というのは〝旬〟なコンテンツゆえ、ころころと変わります。これは常にインパクトのあるものが〝慣れ〟あるいは〝飽き〟という現象に直面するからです。しかし、脇役に位置づけされる超美人ではないけれど脇を固められる実力を持った個性的なタレントは、ある程度長いスパンで重宝がられていることがわかります。**脇役は変わりません**。脇役であるゆえ、暗黙の内に無意識に個性を伝えることができる料理と言うことができます。

定番メニューは脇役でつくれ！

以上の6つの特徴をまとめますと、茶碗蒸しという料理には、味、具材、提供方法などの共通した完成品のイメージがあり、アレンジを加えて商品化したときに、多くの人がひねった部分を認識することができる共通の尺度があります。これは、「見た目のインパクト」の要素と共通する「わかりやすい」要素であると言えるでしょう。

そのため茶碗蒸しにひねりを加えることによって料理店ならではの個性を主張することができ、多くの人に好き嫌いがないことから、脇役として強いイメージを主張することなく、潜在意識にその店の個性・特長を刷り込むことができるのです。

3 お客様は茶碗蒸しのここに〝高い得点〟を付けている

◆お客様に〝変化〟が伝わりやすい見た目のインパクトを重視している

前項で、茶碗蒸しは「共通した商品イメージがある」という話をしました。戦略的に茶碗蒸しを考えるときは、このイメージを良い意味で裏切る、料理屋ならではのひねりを加えて、誰にでもわかる変化をつけます。このような〝ひねり〟を加えると、ほとんどのお客様に「ああなるほど、ここが違うんだ」とわかっていただけるでしょう。

「最初から味がわかるお客様はほとんどいない」というのは、飲食店を経営するうえで重要なキーワードです。「**料理の微差というのはとにかく伝わりにくい**」ということを強調しておきます。そのため、変化が伝わりやすい戦略的な茶碗蒸しを活用している店というのは、そのことをよくわかっている店なのだと言えるでしょう。

そこで、人気和食店の茶碗蒸しの売り方を見てみましょう。

まず、茶碗蒸しの〝ひねり〟として考えられるのが、見た目のインパクトでしょう。インパクトある見た目というのは、お客様を選びません。具体的には、以下の4つが挙げられます。

お客様からの〝高い評価〟を得る4つの条件

1　デカメニュー

「ジャンボ茶碗蒸し」は大衆的な人気和食店でよく提供されていますが、これが茶碗蒸しのデカメニューの代表と言えるでしょう。味にひねりを加えている店はあまりみかけませんが、ファミリー層主体の店であればインパクトは十分あると言えます。

2　姿造り（瞬殺高級感）

見た目で圧倒する食材（高級食材）をのせることです。後で詳しく紹介しますが、わかりやすい例として『すし正　参玄』（鹿児島市）のフカヒレをのせた茶碗蒸しがあります。また、群馬県の伊香保温泉にある『ホテル木暮』を訪問した際、こちらでも定番料理として提供していました。ほかにはウニを〝箱ごと〟提供したり、キャビアを〝瓶ごと〟提供したりする方法などがあります。

高級食材を〝姿のまま〟のせると効果が高いものです。和食屋なので、フカヒレなど和食では使わないけれど、中華の高級食材として誰でも知っている食材を使うと意外性もあり、わかりやすくより効果的です。高級食材にはお客様の心を一瞬でギュッとわしづかみにしてしまう瞬発力があります。だから〝瞬殺〟なのです。

3　提供形態のひねり（変更）

提供形態のひねり（変更）は、「**温度の変更**」が代表と言えるでしょう。『きたざと』（京都市）の名物「梅蒸し」（梅干し入り冷製茶碗蒸し）が代表です。

また、東京・表参道にある『日本料理　太月』（東京都港区）の「白子の柚子釜茶碗蒸し」のように、くり抜いたユズを器にして提供する「**器の変更**」も効果的です。フレンチやパティスリーでは、卵の中身を除いた殻を器にしてフォアグラのフランやプリンを出しておりますが、おおむね高い評価を得ています。

当たり前ですが、提供形態を変更しても、おいしさが変わらないことが重要です。

4　目の前で仕上げる

お客様の〝目の前で仕上げる〟という手法も考えられます。実際に目の前で仕上げるというスタイルはあまりありませんが、お客様の評価を得られる可能性がある茶碗蒸しのひねり方だと私は考えます。もちろん、茶碗蒸しは「蒸す」という調理行程が必要なので、目の前で蒸さなければなりません。これがネックになりそうですが、発想の転換で目の前で仕上げることができたら、今までにないヒット商品になるかもしれません。

それでは、私が食べ歩いて感動した茶碗蒸しを具体的に見ていきましょう。オーソドックスなものから発展形までさまざまありますが、ヒット商品づくりの参考になるでしょう。ここに登場するお店は私のブログでも紹介していますので参考にしてください。

ここでは食材の加点ポイントを考える前に、和食コースの「脇役の価値を高める差別化事例」としての茶碗蒸しの9つの事例について見ていきましょう。

●脇役の差別化事例（茶碗蒸し編）

◎事例1『カハラ』（大阪市北区）

高級食材のダブル効果——トリュフの茶碗蒸し

大阪・北新地の創作料理『カハラ』の茶碗蒸しは、ズバリ、「トリュフの茶碗蒸し」です。客単価3万円ほどの人気店ですから、ただトリュフを使っただけではなく、「なるほど」と思わせるような〝ひねり〟が効いています。この店は本当に勉強になるお店で、全国から多くの料理人が食べに来て、ヒントを得ています。

トリュフは、茶碗蒸しの**上にスライスが一枚**のっていて、**中にも刻んだトリュフ**が入っています。このダブルのアクセントのつけ方が実にうまいですね。味の認知というのはおもしろいものですが、一つ目より、二つ目の方が強く感じます。それは、記憶として残る味の余韻を、立て続けに食べた二つ目の方が強く感じさせてくれるからです。これを**「食べ慣れない高級食材のダブル効果」**と私は呼んでいます。

多くの人が日頃トリュフを食べないことに起因すると思いますが、実は、刻んだトリュフというのはトリュフだということがわかりくいものです。そこで、見た目のわかりやすさと、そのものの味わいを認知してもらうためにトリュフのスライスを一枚のせて、スプーンですくって、上にのせたトリュフの香りの余韻とともに、わかりにくい刻んだトリュフの渾然一体となった茶碗蒸しを食べるという考え尽くされた設計になっているのだと私は考えます。

こうすることで、上にのったスライスしたトリュフを食べて、下の刻んだトリュフを食べると、「食べ慣れない高級食材のダブル効果」により、強く印象付けられ、なおさら濃厚に感じるわけです。

『カハラ』の茶碗蒸しにはさらなる仕掛けがあります。それは、フルフルした食感のキクラゲが茶碗蒸しの中に入っていることです。キクラゲのフルフル感と、茶碗蒸しのフルフル感の相乗効果で、食感も二層構造になった逸品に仕上がっています。

『カハラ』は、お客様に〝微差〟を感じてもらうための仕掛けとして、こうした〝同時対比（食べ比べられるようにして）〟を多用して楽しめるようにしているのです。

◎事例2　『すし正　参玄』（鹿児島県鹿児島市）

姿煮をどーんとのせた名物——フカヒレの茶碗蒸し

全国的にはそれほど有名なお店ではありませんが、鹿児島市の天文館にある『すし正　参玄』は私のおすすめのお店です。ここの茶碗蒸しは、スッポンの茶碗蒸しなのですが、その上にフカヒレの姿煮をのせた名物商品です。茶碗蒸しのような定番料理ではあまり使わないグルメ食材を組み合わせるというパターンは、今ある定番料理でもちょっと手を加えれば、わかりやすさが出て看板商品になり得るという好例です。

このフカヒレの茶碗蒸しは、グルメ食材のフカヒレの姿煮がどーんとのっているので見た目のインパクトがあります。スッポンの上品な出汁にフカヒレをのせた、わかりやすいおいしさにひねり（変更）を加えた料理と言えましょう。

◎事例3　『稲取銀水荘』（静岡県東伊豆町）

大衆店で効果あり！——角煮入り茶碗蒸し

東伊豆・稲取温泉の『稲取銀水荘』で食べた角煮入り茶碗蒸しを紹介しましょう。

前出のフカヒレの茶碗蒸しと同様に、のっている角煮が和食のようではないですね。別の見方をすると、角煮は、高級食材に比べればコストが低いです。そのため、高級な食材を使わずにインパクトを出せるというメリットがあります。なかなかのアイデアの一品ですね。この角煮の茶碗蒸しは、大衆的なプライスゾーンのお店の評価を高める一品としてとてもおもしろいアイデアだと思います。

◎事例4　『佐宗』（愛知県南知多町）

〝カジュアル洋風〟のおもしろメニュー——コーンポタージュの茶碗蒸し

愛知・南知多にある料理旅館『佐宗』のユニークな茶碗蒸しを紹介しましょう。

ここも『稲取銀水荘』と同様にあまりメジャーな宿ではなく、どちらかといえば無名な宿です。知多半島といえば、名古屋からそれほど遠くないのにまるで別世界で、昔の伊豆のような雰囲気もある素敵な場所です。

ここで「世の中にはおもしろい料理を考える人がいるな」と感動した一品が、「コーンポタージュの茶碗蒸し」です。コーンポタージュを玉子でとじて茶碗蒸しにしたものです。中国料理ではコーンポタージュスープの中にかき卵を落とし「中華風コーンスープ」が提供されますが、そう、あれです。ありそうでなかった組み合わせは、まさにグッド・アイデア！　ですね。

実はこの茶碗蒸しはいろいろな店で使えると思い、どこかで紹介しようとずっとあたためていたものです。

◎事例5　『日本料理　太月』（東京都港区）

新規客の心を一瞬でつかむ——タラの白子の茶碗蒸し、ウニの冷製茶碗蒸し

今や人気店となりました東京・表参道の『日本料理　太月』ですが、こちらの「タラの白子の茶碗蒸し」と「ウニの冷製茶碗蒸し」を紹介しましょう。

オーナーの望月英雄氏は、東京・日本橋の『濱田屋』、東京・麻布十番の『割烹喜作』と、人気店で経験を積み、独立されました。食事をしてみて、人気店出身とあって、新規客の心をつかむ、〝つかみの料理〟が実にうまいなあと思いました。茶碗蒸しにもいろいろなアプローチがありますが、単にグルメ食材を使うだけではなく、見た目のインパクトをつけることも大切です。方法論としては、あんかけにする、エスプーマ（泡）をのせる、グルメ食材をのせるなどの方法があります。

夜のコースは、1万2000円、1万5000円、2万円の3コースありますが、タラの白子を入れた茶碗蒸しは、くり抜いたユズを器に使ったユズ釜で提供していました。蒸し料理である茶碗蒸しに使うと、ユズ釜が高温にさらされてしまい、渋みが茶碗蒸しに出てしまうリスクがあります。そのため、85℃にホールド（温度を固定して）してスチームコンベクションで仕上げているそうです。

ユズの皮近くには若干の渋みがありますが、「これ以上加熱すると、渋みが際立ってしまう」と望月さんはおっしゃいます。別の見方をすれば、白子を使う場合、加熱されることで生臭みが気になるケースもありますが、その難点が解消されます。

茶碗蒸しを提供するタイミングに変化を付ける発想もあります。茶碗蒸しというと、コースの途中、真ん中あたりで提供するのが一般的ですが、最初に先付で冷製茶碗蒸しを提供します。夏の暑い時期、ウニの冷製茶碗蒸しをひと口サイズで出しますが、最初のインパクトでお客様の評価点もぐんと上がります。
ウニの冷製茶碗蒸しは夏のコースの先付として、テーブルについた段階で提供されていました。**「提供タイミングを変える ＋ ウニをのせる ＋ 冷製」**という3段ひねりはさすがですね。

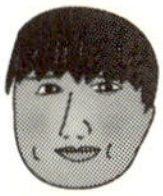

◎事例6　『きたざと』（京都市東山区）
常識を覆す発想で売る――梅干し入り冷製茶碗蒸し

温かいものという茶碗蒸しの常識を覆し、冷たい茶碗蒸しを提供して評判なのが、京都・祇園の人気和食店『きたざと』です。こちらに店を構える前は比叡山のふもとで営業していた伝説のお店だそうです。

「売れないことに偶然なし、売れることに偶然あり、売れ続けることに偶然なし」と言いますが、お客様を遠くまで呼ぶことができる店にはノウハウがたくさん詰まっています。

祇園というと「一見さんお断り」というイメージが強いですが、こちらは比較的大衆的で、コースも５０００円〜８０００円という価格帯です。名物の「梅蒸し」は、梅干しを入れた茶碗蒸しを冷やして提供しますが、こういう茶碗蒸しはなかなか考えつきません。まさに明確な違いです。このように調理方法のコペルニクス的転換をすることで、商品自体の存在感を出すことができます。そのうえ、梅干しを入れてさらなる意外性を出しています。

◎事例7　『龍吟』（東京都港区）

ワインとの相性も抜群——ホタルイカの茶碗蒸し

東京・六本木の三ツ星レストラン『龍吟』では、ワインでも日本酒でもいける茶碗蒸しを提供しています。それが、炭火で焼いたホタルイカの茶碗蒸しです。少しばかりの茶碗蒸しの上に、炭火で焼いたホタルイカがのせてあり、小さなスナップエンドウが添えてあります。炭火をきかせてあるのは、茶碗蒸しであってもワインの酸味との相性を考えているからでしょう。

◎事例8　『千翠』（福岡市中央区）

アサリの出汁が旨み――アサリとホワイトアスパラの茶碗蒸し

福岡市の『千翠』は、看板のない隠れ家的な和食店です。店内はカウンターとテーブルがありますが、6、7名で満席となります。高級感が漂いますが、予算は1万円～1万5000円と比較的お手頃です。魚のうまい店で、日本料理をたしなむ人にはより楽しめるお店です。とくに1万円のコースのコストパフォーマンスはすごいですね。魚種による味わい、おいしさがわかる人には強くおすすめします。

こちらで食べたのが、アサリとホワイトアスパラの茶碗蒸しです。アサリの出汁の茶碗蒸しはありそうでない組み合わせです。そのアサリの出汁に、一緒に炊いたアスパラの火の入れ方が絶妙です。ホワイトアスパラはしっかり火を入れたほうがおいしいというのが私の考えですが、アサリの出汁で炊くことでより特徴的な一品に仕上がっています。

◎事例9　『エクアトゥール』（東京都港区）

フレンチの定番――フォアグラのフラン

「食べログ」の評価でも高い人気がある東京・元麻布の『エクアトゥール』はなかなか予約が取れないレストランです。カウンター6席、個室6席のプライベート感のあるレストランです。

ここでは、フレンチではよくあるメニューですが、フォアグラのフランを紹介しましょう。最近は多いですが、中を取り除いた卵の器にクリーミーなフォアグラのフランが入っています。旬の黒トリュフがたっぷりと入っており、フランも「ふわっ」としていながら、とてもなめらかです。

フランを出す場合、提供方法にもひと工夫するといいでしょう。フレンチであっても、「フォアグラのフランです」と言って提供するよりも、「フォアグラの茶碗蒸しです」と言って提供したほうがわかりやすく、お客様は評価しやすくなります。さらに、スモークマシンを使って、お客様の目の前で提供し、「薫香」を付けると、パフォーマンスの楽しさも加わってより加点効果は高くなります。

4 人気和食店が土鍋ご飯を「締め」で出す5つの理由

◆人気和食店が土鍋ご飯を「しめ」で出す5つの理由

土鍋ご飯を提供するから評価が高くなるのか、評価が高い店が土鍋ご飯を提供していたのかはわかりませんが、「食べログ」で評価の高い和食店で食事をしていると、きまって最後に出てきたのが土鍋ご飯でした。そこで、ここでは、土鍋ご飯を検証してみましょう。

土鍋ご飯は、和食的にはおもてなし料理です。季節感もあるし、高級感もあります。３０００円のコースでは付かないが、５０００円のコースには土鍋ご飯が付くなど、コースのグレードアップメニューとしても効果的に使えます。

土鍋ご飯の商品特性は、実は茶碗蒸しに通じるところがあります。次の５つにまとめられます。

1　ご飯はほとんどの人が食べたことがあるが、土鍋ご飯は意外と少ない

日本に住んでいればお米は一応、主食です。アレルギーでもない限り、ほとんどの人が食べたことがありますね。「ほとんどの人が食べたことがある」という茶碗蒸しでも挙げた重要な要素です。これによって、料理のイメージが確立しております。もちろん、ヒット商品になる市場性があると言えるでしょう。また、人を選ばないために波及効果も高いです。

そのうえ、土鍋ご飯となると食べたことがない人もいるので、炊きたてのご飯のおいしさを体験していただけます。季節の具材を活用しての炊き込みご飯には思わずカメラのシャッターを切るお客様が多いです。

2 外食（料理店）で味わう料理というイメージがある

先に挙げたように、土鍋でご飯を炊いている人は少ないです。つまり、土鍋ご飯は外食でないと食べられない味と表現することができるでしょう。誇張した表現を使えば、ご馳走のイメージがある商品ではないかと思うのです。実際、和食ではおもてなしになるようです。

3　好き嫌いが出にくい

ご飯は、好き嫌いが少ない食べ物と言えるでしょう。

4　商品をひねっても（変更しても）誰にでもわかる

共通した商品イメージというのは便利で、多くの人が共通の商品の価値観を持っています。そのため、たとえばひねりを加えた土鍋ご飯をつくると、どこをひねったかがすぐにわかります。そして、テーブルを囲む人たちの間で、そのひねり（変更点、特徴）を共有することができるのです。

5　高級感を出しやすい

焼肉店など単品でライスを販売している店を見ると、ライスの単品価格のイメージは200グラムの中ライスで200円～300円で設定している店が多いでしょう。その一方で、ひとつずつ炊き上げる土鍋ご飯は〝おもてなし感〟があり、高級感があります。コースなどに組み込めばワンランク、グレードアップしたように感じていただけるでしょう。

土鍋ご飯は、どんなお店でもコース料理を出すお店であれば提供可能です。

私は2年位前までは単品メニューでの導入をおすすめしてきましたが、ひとつはオペレーションという問題、もうひとつは昨今の外食の利用頻度の低下に伴う、高単価化という事情に鑑み、最近はコースのグレードアップ商材としての導入をおすすめしています。

土鍋ご飯の提供方法は二通りあります。ひとつは、炊き込みご飯にする方法、もうひとつは、銀シャリで炊いて、具材をのせて変化を楽しんでいただく方法です。

炊き込みご飯の場合は、和食店であれば旬を感じる季節の高級食材、あるいは高級感を感じる食材が喜ばれ、牛肉などの土鍋ご飯は高級感を感じさせます。

土鍋ご飯の事例も茶碗蒸し同様に、加点ポイントを考える前の、和食の脇役の価値を高める差別化事例として5事例ほど紹介したいと思います。

●脇役の差別化事例（土鍋ご飯編）

◎事例10『カハラ』（大阪市北区）

手間をかけた圧巻の一品――うすい豆のご飯

前に、「トリュフの茶碗蒸し」を紹介した大阪・北新地の『カハラ』。土鍋ご飯の銀シャリでまず思い浮かぶのがこの店のうすい豆のご飯でしょう。

見た目は炊きたてのご飯の上にうすい豆をのせただけの印象ですが、アツアツのご飯の内側には温泉たまごが隠れていて絶妙に火が入る仕掛けです。丁寧に一つひとつの薄皮をむいたうすい豆と温泉たまごは最強の組み合わせです。手間をかけた圧巻の一品です。

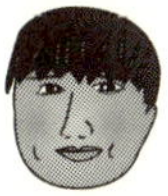

◎事例11　『しらに田』（福岡市中央区）

ご馳走感でパワーアップ！——土鍋で出す鯛茶漬け

福岡・中州で人気の和食店『しらに田』は、スタイリッシュな雰囲気に、わかりやすい料理組が特徴です。ここで名物の焼き胡麻豆腐と並んでおすすめしたいのが、鯛茶漬けです。鯛茶漬けといっても、土鍋ご飯のスタイルで提供します。

福岡というと魚がおいしいというイメージがあります。鯛茶漬けを名物にすること自体にわかりやすさがありますが、土鍋ご飯で出すところが、わかりやすさのパワーを倍増させています。ご馳走感を出しています。

◎事例12 『千翠』（福岡市中央区）

提供スタイルが秀逸な一品——いろいろ丼の土鍋ご飯

土鍋ご飯の提供方法として、このお店の提供方法はおすすめのスタイルです。前に、「アサリとホワイトアスパラの茶碗蒸し」を紹介した福岡市の『千翠』は、日本酒を楽しむ店でありながら、お酒を飲まない人でも料理を楽しめます。ここでコースの「しめ」として出されるのが土鍋で炊いたご飯です。いろいろな具材で楽しめるところが秀逸ですね。

たとえば、一杯目はアナゴ丼で、二杯目はウニ丼、三杯目はしらす丼で。おにぎりが出ることもありますし、カキのオイル漬けでおこげを食べさせてくれることもあります。季節によって、天然うなぎを使ったうな丼や白子丼などでも味わえます。おおむねアナゴ丼を出すことは決まっていますが、これがなかなか楽しいですね。

土鍋ご飯はパターン化して飽きられやすい面がありますが、白米ならば、食材をうまく回転させるうえに、余った食材を有効活用しながら変幻自在に変えられるのが利点です。

最近、銀シャリでこのバージョンが炊き込みご飯よりいいなと思うのは、飽きが来ないこと、食材をうまく回せることなどです。『千翠』の土鍋ご飯は経営的にもおすすめのスタイルですね。

◎事例13 『ラ フィネス』（東京都港区）

裏メニューとして提供する――フレンチの土鍋ご飯

若き料理人を発掘する日本の料理人のコンペティション「RED U-35」の初代優勝者で、フレンチ界注目の料理人、杉本敬三シェフがオーナーの東京・新橋『ラフィネス』。2014年ミシュラン一ツ星に選ばれ、今やすっかり予約が取れない人気レストランとなってしまいました。

客単価3万円を超えるこの店が、5回以上の来店経験がある常連に出す裏メニューに、ラーメンと土鍋ご飯があります。土鍋ご飯は毎回変わり、たとえば、モリーユとホワイトアスパラという鉄板の組み合わせに、ホタルイカの洋風銀あんをかけたご飯や、ロッシーニ丼（神戸牛のロッシーニ丼、仙台牛のＡ５ランクのロッシーニ丼など）などがあります。

◎事例14『日本料理　太月』（東京都港区）

ご馳走感のある演出——九条ネギと鶏そぼろの土鍋ご飯

火をしっかり入れるとおいしい食材、火を入れ過ぎないほうがおいしい食材がありますが、土鍋ご飯の場合、そのコントラストをうまく出せると、その店でしか味わえないものになります。そのためには、食材の特性を把握することが大切なのでしょう。

茶碗蒸しの項でも紹介した、東京・表参道の『日本料理　太月』は、時期や客層で炊き込む具材を変えながらも、毎回ご馳走感がある演出をすることで有名です。たとえば、九条ネギと鶏そぼろの土鍋ご飯、鯛めし、サンマの土鍋ご飯、すっぽんの土鍋ご飯といった具合です。

第２章
非常識に売れるメニューをつくりたかったら"Ａ５ランクの和牛"を出しなさい！

◎だれでも高級とわかる"グルメ食材"を使えば売れる最強メニューはつくれる

1 小学生でも高級とわかる牛肉を使えば売れるメニューがつくれる

◆牛肉はとくに加点要素が高い今のトレンド

第6章で取り上げた「満腹感」「有名店」「有名シェフ」「マスコミ情報」といった要素は、おいしさの評価を決定づけるものではありません。おいしさを評価するに当たって、評価項目に欠かせないのが「**高級食材**」です。

最初に、その項目に加えられるのが、家族団らんの食事で出現する食材です。家族団らんの食事、とくに「ハレ」のシーンが最初にご馳走に出会うチャンスになるでしょう。家族での外食の鉄板、回転寿司や焼肉は〝ご馳走〟として、子供にも認識されているものです。

そして、回転寿司や焼肉店のメニューを通して高級食材に接触する機会も多く、何度も〝接触〟し、教育されて無意識に高級食材と認識されます。

とりわけ価格によって皿が色分けされている回転寿司はわかりやすく、「金の皿」にのった**大トロ**や**ウニ**などはより早く子供たちに高級食材として認識されます。だからこそマグロやウニ、和牛などはご馳走と認識されるのです。

こうしたグルメ食材（ご馳走食材）として認識されている食材を使うことで、多くの人の〝**おいしさの採点表**〟の評価項目に無意識のうちに認識され、加点されます。

グルメ食材という項目の加点点数は多岐にわたります。

点数は使う食材の「ブランド力」や「知名度」でも異なり、テレビ番組や雑誌に登場すればするほど、多くの人に高級食材として認識され、おいしさの評価項目に加わり、加点されることになります。

このようなわかりやすい食材を私は「瞬殺高級食材」と言っています。マグロや和牛は加点するとしたら何点にすればいいかを私なりに検討してみました。今後まだ点数は変わる要素はありますが、細分化して数値化しました。

たとえば、和牛のようなマスコミや雑誌で取り上げられるような食材はその個体の加点項目を細分化しました。同じ和牛でも、さまざまな加点要素があり、それぞれに加点されます。

※あくまでも、〝加点〟は筆者の主観によるものであり、ヒットメニューづくりの参考にしていただくことが目的であることをお断りしておきたいと思います。

- 和牛 ＋15点
- A5 ＋10点
- 超有名銘柄（松阪、神戸、近江） ＋15点
- 超有名銘柄（飛騨、仙台、米沢） ＋10点
- 有名銘柄（宮崎、佐賀、上陸、但馬、山形） ＋5点
- 有名銘柄（鹿児島、上州、葉山、隠岐など） ＋3点
- 有名生産者（松尾牛、尾崎牛、上田牛） ＋3点
- 部位（シャトーブリアン） ＋10点
- 部位（牛タン） ＋8点
- 部位（サーロイン） ＋5点
- 部位（リブロース、ハラミ） ＋3点
- 熟成 ＋5点

これを実際にメニューに置き換えて数値化すると、次のようになります。

【例】「Ａ５の神戸牛サーロインステーキ」
和牛（＋15点）＋Ａ５（＋10点）＋神戸牛（＋15点）＋サーロイン（＋５点）
＝計45点の加点

【例】「上田さん（有名生産者）の但馬牛のサーロインステーキ」
和牛（15点）＋但馬牛（５点）＋上田牛（３点）＋サーロイン（５点）
＝計28点の加点

2 小学生でも高級とわかるグルメ食材のマグロやウニをもっと使え！

◆マグロ、ウニ、カニ、伊勢エビ……ひと目で高評価が狙える食材はたくさんある！

高級食材のマグロは基礎点が＋20点と高得点

和牛のほかにもグルメ食材はたくさんあります。和牛に続いて日本人に親しみがある高級食材といえばマグロでしょう。マグロも加点項目は次のように細分化されます。

●本マグロ	＋20点
●生	＋5点
●近海もの（天然）	＋10点
●大間産	＋15点
●部位（大トロ）	＋20点
●部位（中トロ）	＋10点
●漬け	＋2点

マグロは「寿司」という人気料理の〝鉄板カテゴリー〟の中心食材であるがゆえに加点要素が細分化されます。このように産地で大きく加点される食材は、テレビ番組や飲食店で産地を積極的に表現しているものと言えるでしょう。

また、マグロでも近海もの（天然）なら10点というような加点項目に細分化されます。

高級食材の海の幸、ウニ・カニ・伊勢エビ・アワビも＋20点

ウニ、カニ、伊勢エビ、アワビなども加点要素は高く、＋20点加点されますが、産地や旬によって加点項目は細分化されます。

ウニは本来、産地までの加点要素はあまりないのですが、高級店を食べ歩いている食通の人には、春の北海道なら国後産、夏なら利尻礼文産が加点要素となり、関西より西の食通の人なら、由良や唐津のウニの加点要素が加わります。

一方で、ポピュラーゾーンのお店のお客様にはあまりウニの産地意識はありません。食通にとってはミョウバンで苦いというようなものでも、ウニが高級食材とくくられているため悪く評価されることは少ないです。単純に、ウニをメニューに使えば漠然と＋20点加点されるということです。アワビもウニと同様に食材に使えば20点加点されます。エビも＋5点加点される食材です。さらに、最近人気のノドグロは＋10点、イクラも＋10点の加点と考えています。

その他高級食材として、オールシーズン出回らないアユ、ウナギ、マツタケなども高級食材として15点の加点となります。タケノコも親しみがあるシーズン食材で＋5点加点され、朝堀りなら＋2点、食通の人には京都産で＋5点、京都産でも白子筍な

らさらに＋2点の加点となります。関西より西の食通の人なら、クエ、アマダイなども高級食材となる余地があります。

他方、西洋料理で使う高級食材のトリュフ、フォアグラ、キャビア、中国料理で使うフカヒレは少し加点が少ないと考え＋10点の観点と考えています。

こうした事情があるため、多くの産地や生産者は「ブランド化」にやっきになっています。

その裏側では、〝味の微差〟での評価はほとんどされませんし、例えば、「誰にでもわかりやすい」ことを重視するテレビなどの食べ歩き番組作り上、「わかりやすさがないため」に〝テレビ的〟に好まれない高級食材もあるかもしれません。

●ウニ　＋20点
●ウニ（国後産）　＋5点
●ウニ（利尻礼文産）　＋5点
●カニ　＋20点
●伊勢エビ　＋20点

●アワビ　＋20点
●エビ　＋5点
●エビ（天然もの）　＋5点
●エビ（活け）　＋2点
●ノドグロ　＋10点
●イクラ　＋10点
●アユ、ウナギ　＋15点
●松茸　＋15点
●タケノコ　＋5点
●タケノコ（朝堀り）　＋2点
●タケノコ（京都産）　＋5点
●タケノコ（白子筍）　＋2点
●トリュフ　＋10点
●フォアグラ　＋10点
●キャビア　＋10点

●フカヒレ　＋10点

「寿司」「焼肉」などのカテゴリーで＋10点

食材ではないのですが、寿司、ステーキ、焼肉などご馳走と認識されているカテゴリーは良好に評価される傾向がありますので、こうした食のカテゴリー自体も加点要素と言えるでしょう。

数値化すると、寿司（10点）、ステーキ（10点）、焼肉（10点）フレンチ（10点）、イタリアン（10点）と加点されると考えられます。

●寿司　＋10点
●ステーキ　＋10点
●焼肉　＋10点
●フレンチ　＋10点
●イタリアン　＋10点

◎事例15 『くろぎ』（東京都文京区）
和食コースの途中に──ウニの握りの〝お凌ぎ〟

ウニを＋20点加点できるとしたように、ウニをメニューに使うとお客様に喜んでいただけます。

ウニは仕入れ値が高いうえに、品質管理が難しく、材料のバラツキが多いため、食材を扱うにはコツが要りますので、すべての店で使用できる食材ではありません。そのため、寿司屋以外のお店は正直言って、扱いたくない食材でしょう。魚を使い慣れた和食店であってもそうだと思います。

しかし、イタリアンやフレンチなどの洋食店、中国料理店、焼肉店などで効果的に使うと、いいウニであるかないかは別としても、お客様のおいしさの採点においては加点されるはずです。

ここでは、ウニを効果的に使った料理を事例で見ていきましょう。

２０１２年に『アイアンシェフ』（フジテレビ）に和の鉄人として出演して以来、

なかなか予約が取れない黒木純氏の店が東京・湯島の『くろぎ』です。「ミシュランガイド東京」で2011年・2012年と連続して星を獲得している東京の和食店です。

『くろぎ』は非常にサービスのいいお店です。お客様を喜ばせるためにさまざまなサービスを行なっています。サービスの着眼点がいいんでしょうね。

和食は、茶懐石と言われる「懐石」と、江戸料理の延長線上にある「会席」があります。どちらかというと、「会席」はあまりルールに縛られないのが特徴で、このお店のように〝お凌ぎ〟でウニの握りを出したりします。

空腹を「凌ぐ」ために出るのが「お凌ぎ（おしのぎ）」。主にご飯ものが出されます。そうすると胃袋が落ち着きます。

もともといろいろなものを入れたばくだん巻を出していましたが、国後などのウニがおいしい季節にウニの握りも提供しているようです。ここでは、和食のコースの途中で、ウニの握りを1貫出します。

たとえば、お凌ぎは、1、2回なら漬物の握りを出しても珍しいので喜ばれるかもしれませんが、豪華な感じはしません。お店のコンセプトが野草料理というのならそれでもいいかもしれませんが、「ハレ」の日に和食店に来ているのに質素なものはどうかと思います。

加点ポイント

寿司（＋10点）＋ウニ（＋20点）＝計＋30点（ウニが北海道産ならさらに＋5点）

◎事例16『天ぷら　たけうち』（福岡県那珂川町）

天ぷらコースの途中で――サワラの握りウニのせ

博多駅から新幹線車輌で一駅（７分）の博多南駅から徒歩15分ほど。天ぷら主体で九州の魚が食べられるのが『天ぷら　たけうち』です。

完全予約制で料理はコースのみ。コースは３０００円、４５００円、６０００円とあり、昼も夜も同じです。

コースの価格の差は食材の違いで、３０００円コースは天ぷら主体、４５００円コースは料理の品数が多くなり、６０００円のコースは料理の品数は４５００円コースとさほど変わりませんが、ウニ、アワビなどの高級食材が出ます。

ただ、4500円の天ぷらコースでも、刺身や料理を楽しんだ後に天ぷらが出てきますが、20品前後とその品数に驚かされます。

ここでは、最初に刺身が出され、いろいろおつまみが出た後、お凌ぎとして寿司が2貫出ます。

6000円のコースにするとさらに1つはウニがのったサワラが出ます。そして天ぷらに入っていくという流れです。

5日寝かせたサワラとエゾバフンウニの握り、天草の海苔で巻いた壱岐の天然本マグロの手巻きが続きます。

天ぷら屋というと、刺身の盛り合わせが付くか、付かないかで、しかも、そんなにすごい刺身が来るわけでもないというのがパターンですが、そうではないのが『天ぷら　たけうち』のパターンのようです。

聞けば、店主は、26歳で独立する以前、東京・神楽坂の和食店で修行したとか。「わかりやすく、天ぷら屋にしたんですか?」と私が聞くと、この地で、懐石コースは難しいということで、わかりやすく天ぷらでスタートして、余裕が出たらいろいろやろうということだそうです。

開店して10年以上たち理想像に近づいたそうですが、住宅地で和食店を成功させるヒントがあるお店です。

加点ポイント

寿司（＋10点）＋ウニ（＋20点）＝計＋30点

◎事例17『金舌　白金』（東京都港区）

食感の類似性――ウニと和牛の巻きもの

「ウニの牛肉巻き」など、ウニと牛肉の組み合わせは和食店ではけっこう見られます。

私が思いつくだけでも、『かねます』（東京・勝どき）、『ハルヤマシタ東京』（東京・赤坂）、『炭火焼あもん』（東京・池袋）などで提供されています。

牛肉で巻く場合は、ウニのやわらかい食感と肉のやわらかさのバランスを取ることが大切で、牛肉で巻くことでウニの甘さを強調することができます。

ただし、巻く食材が固いとその食感が邪魔をして甘さを感じなくなります。

たとえば、『ハルヤマシタ東京』は、薄切りの牛肉を二枚重ねることで食感をつけています。

牛角創業者の西山知義氏が経営する『金舌　白金』は、焼肉を寿司屋風に提供する〝牛割烹〟という今流行のスタイルです。店は寿司屋のような雰囲気の和風のカウンターがあります。客単価1万円前後です。

人気商品がウニと牛肉を巻いた「ウニとユッケの細巻」です。ウニの香りは海苔との相性がよく、細巻にするとウニのよさが際立ちます。やわらかい肉がまたいいですね。

私が訪問した際は「しめ」で出てきましたが、コースの始まりで提供すれば間違いなくサプライズでしょう。

ウニは生の肉と相性がいいですね。

これは食感の問題だと思いますが、食感の類似性は料理では大切だなと感じさせられた一品です。

商品特性は、ウニはやわらかいため、肉と合わせたときに、肉の硬さが勝るとおいしくない。

ウニの「ふわ～」と感が出るくらいの肉のやわらかさが必要です。

やわらかい肉で巻いたほうが内側から「じゅわっ」と甘さがにじみ出ておいしく感じられます。
さらに、牛肉を細かく切ってあるため、ウニのやわらかさを消しません。

加点ポイント

寿司（＋10点）＋ウニ（＋20点）＋和牛（＋15点）＝計＋45点

【コラム】「値段」と「おいしさの評価」の心理学

「値段の高さ」はおいしさの評価に先入観を与える

メロンを並べて売るとします。どれも同じクオリティだとしたら、あなたはどう売りますか？　たとえば、1000円のワンプライスで売れば割安感、手ごろ感が出ますよね。あるいは適当に分類して、3000円、1500円、800円で売ったらどうでしょうか。3000円はその中でも選ばれたメロンで、800円は傷物かな……。

この場合、手土産を求める人なら3000円のメロンを選ぶでしょう。3000円という価格の販売だと値段が高いから品質がいい（おいしい）という暗示をかけます。これは、「威光効果」と言って、行動心理学では有名な話です。でも、多くの人は1500円を選ぶでしょう。そう、**価格はおいしさの評価に先入観を与える**のです。

では、800円で傷物と思って買ったメロンが予想以上においしかったらどうでしょうか。きっと割安で、おいしかったと評価するでしょう。この場合は、おいしさの評価が甘くなります。このように、「(値段の割りに) 安い」ということは、事後評価を確実にする要素になり、評価を安定させる経営上のテクニックと言えます。

第3章
なぜ、〝非常識にデカい〟メニューは売れるのか

◎だれでも一発でメニューの価値・特徴がわかる〝デカい〟〝丸ごと〟〝その場で調理のライブ〟の演出をすると売れるメニューがつくれる

1 非常識に売れる店は、高級食材を〝デカく〟する！

◆非常識に売れる店は、高級食材をデカくする！

名物料理の多くは見た目にインパクトがあるものが多いものです。見た目でわかりやすいという評価項目は、点数化するとわかりやすく理解できます。

見た目から入るおいしさは、誰でもその情報を見ることができます。さらに、加点要素を増やすためにグルメ食材を大胆に使うと、おいしさの感じ方はさらに高まります。

そのうえで、見かけ倒しでなく、過去に食べた料理よりも「おいしい」と感じてもらい、ほかに似たものが無ければ名物料理となります。

逆に、おもしろみを出す場合は、見た目と実際の商品にギャップをつけます。

この場合も心に残り、加点要素になります。

見た目のインパクトで加点要素が高いのが、〝デカい〟ということです。はみ出るほどの非常識にデカいメニューを私は〝デカメニュー〟と呼んでいます。デカいことはわかりやすさがあり、「こんな量、食べられるかな……」と思う脳天直撃の刺激は、満腹中枢にも働きかけます。当然加点項目となり、＋10点加点されます。

そして、高級食材をベースにデカメニューにするとわかりやすく誰でも評価できて効果倍増です。

まさに〝瞬殺高級食材〟ですね。そのために、採点表では「高級食材＋デカい」は＋15点を加点します。ただしこの場合、原価率が高くなるため、店のウリにならない限り単なる経費の無駄遣いになります。

デカネタメニューのいちばんのポイントは、シンプルに〝**高級食材と認識されている食材をデカくする**〟ことです。そうすることで加点要素が高くなります。極端に言えば、寿司そのものがおいしいかおいしくないかは脇に置いておかないとできない演出です。

●デカメニュー　＋10点
●デカメニュー（＋高級食材）　＋15点

◎事例18　『大阪焼肉・ホルモンふたご　五反田本店』（東京都品川区）

焼き奉行が泣いて喜ぶ――大満足のはみ出るカルビ

今や有名店になり、破竹の勢いで全国に急展開中の『ふたご』グループの総本店です。テレビにもよく登場する人気店で、店員とお客様が接する時間が長い、典型的な〝接触型〟の焼肉店です。

思えばこの店の大ヒットにより、『ふたご』の躍進は始まりました。そう、名物の「厳選和牛はみ出るカルビ」からです。高級部位のリブロースを使ったこのこの商品は、まさにデカメニューの典型例です。

この店がすごいのは、焼肉店にとって、「焼いてさしあげることはサービスではあるが、必ずしもゴールではない」ということを見出したところでしょう。

焼肉店という業態には、焼く人と焼いてもらう人がいる、というのがおもしろい点です。焼肉店に行けば、焼くことに喜びを見出す人が必ずいませんか？　そう、焼き奉行です。『ふたご』はお客様との接触の中に、単なるご馳走のサービスではなく、「焼き奉行を育てる」というミッションを与えたのです。具体的には、「焼き奉行」教育の象徴的な存在として、お客様の名前入りの「名入りのトング」がもらえる「スタンプカード」を活用していたのです。

このやり方がすばらしいのは、最初はお店のスタッフが肉を焼き、非日常を演出するのですが、お客様（焼き奉行）の〝焼肉文化習熟度〟を見て、最後はお客様自らが焼くという、「ハレ」から「ケ」の利用シーンに持っていくという点にあります。

だからこそ『ふたご』は、わざと内装にお金をかけず、大衆焼肉店のような雰囲気づくりをしているのです。テーブルも、ベニヤを加工したような感じのカジュアルさをあえて見せて、親しみのある焼肉店のスタイルに落としこんでいます。パッと見、悪く言えば汚く、良く言えばカジュアルに計算されたつくりです。料理の水準、接客サービスのレベルともにすばらしいお店です。

加点ポイント

焼肉（＋10点）＋和牛（＋15点）＋高級食材デカメニュー（＋15点）＝＋40点

◎事例19　『味楽園』（兵庫県尼崎市出屋敷）

お客の目の前で仕上げる――ジャンボ骨付きカルビ

焼肉店業界ではすっかり有名になったのが、尼崎市の出屋敷にある『味楽園』です。外観はまるで竜宮城のようですが、非日常的な「ハレ」の雰囲気がいっぱいのお店です。

この店のように歴史あるお店が「デカメニュー」を取り入れる場合、非日常のご馳走感を演出するために加える、というケースが多いのではないでしょうか。しかし、外食産業の成長とともに、商品力がある名店以外はもはや消えてしまったのが現状でしょう。

『味楽園』の名物「骨付き特上カルビ」（４２００円）は、きれいに観音開きに開かれた、技術の結晶のような「デカメニュー」です。そして、ロースターからはみ出すほどの大きさです！　テーブルにつくと、まず、若社長さんが記念撮影をしてくれます。そして、件のデカメニュー、「骨付き特上カルビ」をロースターいっぱいに広げて、カットしながら、焼きあげてくれます。最後は、骨に付いているお肉まできれいに切って、食べさせてくれます。いわば、目の前で調理する接触型のメニューです。

デカメニューのメリットは、フェイスブックなどSNSでの発信力があるところです。この店もフェイスブックで「骨付き特上カルビ」の大きさを発信することで、お客様を増やしました。

ただ、デカメニューの難点は写真をうまく撮れないことです。写真撮影に慣れていないお客様が撮った写真をSNSで発信しても逆効果の場合があります。しかし、この若社長は違います。自身が写真を撮るのを特技としていることもあり、お客様に写真を撮ってあげるサービスを考えたのです。発信する写真情報がきれいであればより効果的で〝発信力〟は高くなります。

加点ポイント

焼肉（＋10点）＋デカメニュー（＋10点）＝20点

◎事例20 『よし平 いなり店』（和歌山県田辺市）

脅異の30センチ！――ジャンボ海老フライ

南紀白浜・田辺市の超人気とんかつ店〝厚切りとんかつ よし平〟こと、『よし平いなり店』。ここは〝ジャンボ海老フライ〟で地元では有名なお店です。

こちらでは、いろいろなカツが入った定食が人気で、エビ、ヒレ、ロースが入ってボリューム満点です。名物のジャンボ海老フライは、「超ジャンボ海老フライ膳」（1本付き1680円、2本付き2380円）とやや高めですが、30センチの大海老フライは迫力満点。ご飯・みそ汁・キャベツ・漬物がおかわり自由ですので、コストパフォーマンスはいいですね。

ジャンボ海老フライというと、通常はエビを伸ばして大きくして見掛け倒しのケースが多いのですが、ここの大エビは本当に驚く大きさです。大きいだけでなく、引き伸ばしたエビと違い、身もしっかり詰まって食べごたえもあります。エビフライなどは基本的にエビ好きの人が注文するので、見掛け倒しであったり、オーバートークであったりするとすぐにお客様に見破られ、〝諸刃〟になる可能性もあるので注意したいところです。しっかりとした商品設計をしないとだめです。

ちなみにここはパン粉や油、ご飯に至るまですべてにこだわっています。豚肉は、安心・安全のとうもろこしで育った「とうもろこし豚」を使った厚切りとんかつ。ご飯は、大かまどで炊き上げた新潟産コシヒカリと十穀米を選ぶことができます。そして極上パン粉をこめ油で揚げるこだわりようです。

加点ポイント

エビ（＋5点）＋デカメニュー（＋10点）＝15点

◎事例21　『寿司処 松の』（石川県かほく市）

高級食材を贅沢使い――驚異のデカネタ

驚異的に大きなネタで圧巻なのが、石川県かほく市の超繁盛寿司店『松の』です。出てくる握りはまさに〝デカネタ〟で、そのインパクトは絶大です。

たとえば、中トロマグロの厚みと大きさは、ふつうの寿司屋の2～3倍はあろうかという大きさ。カニも7、8本はのっています。「中トロマグロをそんなに分厚く切っておいしいの？」と疑問を持たれる方もいるでしょうが、誰においしいと感じてもらうのかが重要です。

立地も好立地とは言えません。「こんな場所で、なんでこんなに流行っているんだ」と思うくらいの辺鄙な場所にありながら、平日でも賑わっています。お品書きには2100円、3150円、4200円と松竹梅のメニューが書いてあります。『がってん寿司』や『銚子丸』のように値段に段階のある回転寿司チェーンの客単価が1800円くらいですから、それに比べるとちょっと高めです。

寿司屋のデカネタはわかりやすい売り方ですが、ふつうにやったら飽きられます。ただネタがデカいというだけでは、いずれお客様は来店当初の大きな感動に慣れてしまって、やがて来なくなります。多くの店はこうして消滅します。

デカネタメニューのいちばんのポイントは、**高級食材と認識されている食材をデカくすることです**。**そうすることで加点要素が高くなります**。極端に言えば、寿司そのものがおいしいかおいしくないかは脇に置いておかないとできません。この店もネタとシャリとのバランスが明らかに悪いと感じます。でも、寿司職人から見ればバランスが悪いと感じても、ほとんどのお客様はバランスを求めているわけではありません。お客様の頭の中の加点要素に「ネタとシャリとのバランス」という項目はまずないと思います。

では、なぜ、このお店はお客様に支持され続けているのでしょうか？ そこにこそこれからの時代のヒントがあります。

たとえば、寿司のコースの最後のほうで巨大な玉子焼きの握りがアツアツの状態で出てきます。忙しいお店なのに、玉子を焼くために職人をひとりつけているのです。お客様のために、その都度焼いているのです。そのことに気付いたお客様は小さな感動を覚えます。この小さな感動が「好きだ」「この店いいな」と感じてもらえるきっかけになります。それが『松の』にはあるのだと思います。

加点ポイント

寿司（＋10点）＋高級食材デカメニュー（＋15点）＋中トロ（＋10点）＝＋35点

◎**事例22**『第三春美鮨』（東京都港区）

幻の高級食材――トクマタアワビ

私が個人的に寿司の勉強をさせていただいている東京・新橋の長山一夫師匠の店です。客単価3万円はする高級店ですが、魚をわかる人がこの店の寿司を食べると「安い」と言います。各地から勉強に来る寿司職人も多いです。長山氏が毎日手書きするお品書きには、本日の魚と産地が魚の種類・大きさ・産地・熟成日数に至るまで解説されています。

長山氏は、旬ともなると、２～３キロの寒ヒラメを買いますが、この仕入れたヒラメをその日に握ることはしません。長年の研究の結果、一番おいしいタイミングを見出したからです。

本当においしい瞬間というのは長くありません。このタイミングで提供するという手間も、高級店のおいしさの神髄です。

さて、トクマタアワビですが、ここでは、まずあてに出して、最後に握りで出してくれます。また、肝は〝ウロ（肝）焼き〟にして、その後酢飯のリゾットにして出てきます。なかなかアイデアを凝《こ》らしています。トクマタアワビとは、マダカアワビの７００グラム以上の大きさのものをいい、高級料亭や高級寿司屋でしか味わえない高級食材です。マダカアワビは、千葉県外房以南に棲息しますが、今や千葉県産はめったに見かけない幻のアワビです。

アワビも大きいものはなかなか手に入りません。築地に行ってもそんなに並んでいません。最近さらに値上がりして、仕入れ値で１キロ２～３万円はするでしょう。料理に使えばそれなりの値段はとれますが、アワビの大きいものを食べられるお店は都内でも限られます。アワビは個体差が大きいですが、大きくて歩留りがよく、蒸し上げの味の良さは最高です。特大アワビを求めるのは、それだけ評価要素が高いからです。

寿司屋では、見る人が見れば、ネタ箱に並んでいる魚を見ればだいたいどれくらいのものを仕入れているかわかります。だからこそ最近の若い職人さんは、魚をネタ箱に入れてお客様には見えないようにすることもあります。本来は使っている魚を見せるほうがお客様に安心感を与えるのですが、魚を見せないことで手の内を見せないケースも増えていますね。

加点ポイント

寿司（＋10点）＋高級食材デカメニュー（＋15点）＋アワビ（＋20点）＝＋45点

2 〝デカい〟よりもさらに効果がある〝姿造り＆丸ごと〟提供術

◆〝デカい〟よりも高い効果が期待できるのが〝丸ごと〟

見た目のインパクト、わかりやすさという点では、デカくするよりもわかりやすいのが〝**姿造り**〟でしょう。〝**丸ごと**〟も同じ効果が期待できます。

たとえば、ズワイガニのような高級食材を丸ごと提供すれば、見た目のインパクトが倍増し、おいしさの採点項目に大きく影響を与えます。アワビも「踊り焼き」のようにそのまま見せればインパクトは増します。ウニも箱ごと提供すると、より強くご馳走感の演出ができます。姿造りで使う食材は高級食材であるほど加点要素が高くなります。

しかし、高級食材でなくとも、たとえば、アユが普遍的に人気が高いのは、〝姿焼き〟で提供することも要因のひとつでしょう。また、結婚式場で今流行っている提供方法ですが、キャビアを〝瓶ごと〟出すのも姿造りと同じ効果が期待できます。〝丸ごと〟という贅沢感の演出効果という面では、事例25で取り上げた『ラ フィネス』（東京・新橋）の「トリュフすり放題」という演出も同じ効果が期待できます。

加点ポイント

姿造り・丸ごと　＋15点

〝活〟で感動を与える——イカの姿造り

◎事例23　『海中魚処　萬坊』（佐賀県唐津市）／『せいもん払い』（福岡市博多区）

見た目のインパクト、わかりやすさという点では、イカの姿造りがまず挙げられます。イカが呼吸するたびにぴくぴく動く姿は瞬時に新鮮さが伝わり、お客様に感動を与えます。

イカの姿造りと言えば「呼子イカ」で知られる佐賀が有名です。九州のイカの一大産地、佐賀県唐津市の玄界灘に面した呼子港で水揚げされたヤリイカは「呼子イカ」と呼ばれますが、透明度が高く、甘みと透明感抜群です。日本三大朝市のひとつ「呼子朝市」が毎朝開催されています。

福岡周辺でイカの姿造りを食べられる店は多いのですが、元祖と言えば、唐津市（呼子）にある『海中魚処　萬坊』という海中レストランです。

呼子の海に架かる栈橋を渡り、一歩足を踏み入れると、店の中央にある大きな生簀が目に飛び込んできます。ここは日本で最初に作られた海中レストランです。店内は生簀をぐるりと囲む席になっていて、生簀から取り上げたばかりのイカをさばいた姿造りで提供してくれます。

もう1軒、福岡では超人気居酒屋の『せいもん払い』が有名でしょうか。福岡に行くと、店選びの際に必ずリストアップされる店です。「漁師料理」をウリにしており、居酒屋といっても客単価7000円～8000円と高めですが、こちらの「呼子のイカ刺し」も透明でスケスケです。

福岡で提供されている活イカはとにかく〝透明〟です。〝食通〟は「イカは透明なほうがおいしくない」とも言われますが、お客様にはあまり関係のないことです。透明なイカの姿造りで＋15点加算されるのです。

加点ポイント

姿造り　＋15点

◎事例24　『すし処　大敷』（石川県金沢市）

名産を丸ごと一杯！――加能ガニの陶板焼き

「金沢で市場にいちばん近い寿司屋」がウリの『すし処　大敷』。店主の奥様の実家が金沢の市場でも三指に入る卸をやっているそうで、その日水揚げされた鮮度のよい魚を手頃な値段で味わえます。どんな魚が水揚げされているか事前に入った情報をもとに最高の魚を仕入れています。魚がうまくないわけはありませんね。

さて、この店で、冬に味わえるのが金沢の味覚「加能ガニ」です。加能ガニは、金沢で水揚げされるズワイガニのブランド名です。カニは時間との勝負になります。最近はエアーポンプを付けて活で輸送されますので、以前より品質は向上していますが、やはりスピード勝負、産地でいちばんカニが早く提供されるこの店のカニのおいしさを知ると東京では食べられなくなります。どんなブランドガニも、このスピード感には勝てません。

加能ガニは、例年11月〜1月頃まで食べられます。こちらではコースで提供され、1名2万円位（変動があるようです）でいただけます。

オリジナルの陶板焼きをはじめ、刺身、しゃぶしゃぶ、握り、雑炊などでカニづくしを味わえます。とくに陶板焼きは、まるまる一杯を陶板焼きにするという、ここでしか食べられない一品です。目の前に出されたときの迫力は圧巻ですね。しゃぶしゃぶも、タレを変えたり、カニ味噌をつけたり、加能ガニのおいしさを堪能できます。

陶板焼きとしゃぶしゃぶの両方を食べられてこの価格ならコストパフォーマンスもいいですね。時価ではなく値段の決まったコースで提供するため、水揚げが少ないときは店にとっては大きな痛手で、２万円は〝博打〟とも言える良心的な値付けです。

加点ポイント

カニ（＋20点）＋姿造り（＋15点）＝35点

◎事例25　『ラフィネス』（東京都港区）

〝丸ごと提供〟の応用バージョン――トリュフすり放題

フレンチをある程度食べ歩いた人におすすめしたいのが東京・新橋の『ラフィネス』です。今やすっかり予約がとれないレストランとなってしまいました。それもそのはず、オーナーシェフの杉本敬三氏は第１回「ＲＥＤ　Ｕ‐35」の優勝者で、いまフレンチ界で注目の料理人です。客単価３万円超と、都内のフレンチでも高めのほうだと思いますが、値段に相応してコストパフォーマンスはいいですね。

第１章でも紹介しましたが、このお店は、５回以上来店しているような常連さんに、裏メニューとしてラーメンやうどん、土鍋ご飯などをコース料理とは別に出します。ここでラーメンを出したときに、トリュフをすり放題にしたことがありましたが、これも〝丸ごと〟の発想で、＋15点加点されます。

トリュフをすり放題にすると、香りがおいしさを倍増させ、お客様の評価に加点されます。丸ごとで＋15点、トリュフで10点、さらに第6章で取り上げた「有名店＋有名シェフ」を加点すると、より満足感が高まるわけです。

加点ポイント
トリュフ（＋15点）＋丸ごと（＋15点）＝30点

3 デカく盛り付ける、高く盛り付けると売れるメニューになる

◆高級食材でなくても大きな加点要素にできるテクニック

高級食材でなくてもデカく盛り付ける、高く盛り付けるという提供方法は、圧倒的な見た目のインパクトがあるため加点要素が出せます。中途半端な盛りではインパクトはありません。やるなら徹底して〝盛る〟ことです。

この提供方法は、飽きられやすい面と、看板商品として長く愛されやすい面と、両面があります。後者の例として、関東のラーメン店では絶大な人気を誇る『ラーメン

二郎』を挙げておきましょう。

東京・三田に本店がある『二郎』は、暖簾分けした店がいくつもありますが、「ジロリアン」と呼ばれる熱狂的なファンが多くいることでも知られています。この店を有名にしたのが、野菜や肉を丼からはみでるほど山盛りにして出すスタイルです。その盛りのすごさは圧巻です。

野菜や肉は、無料で増量してくれますが、注文の際に多めにしたければ「増し」と付け加えるもので、〝ニンニクマシ〟〝野菜マシ〟、もっと欲張って〝野菜マシマシ〟と言ってオーダーするのがルールとされています。とくに〝野菜マシマシ〟の盛りが圧巻です。

世のラーメン評論家と言われる方々は、「時間がたつとまた食べずにいられない圧倒的な〝満足感〟」「二郎はラーメンではなく〝二郎という食べ物〟である」と評しております。

加点ポイント

デカく、高く盛り付ける　＋10点

◎事例26　『三日月庵』（福岡県宗像市）

見た瞬間の圧倒的な〝デカさ〟と濃厚出汁――デカ盛りの海鮮天丼

福岡市のはずれ、宗像市の海沿いに行列ができるうどん屋『三日月庵』があります。このエリアは海鮮のイメージが強いエリアで、そのイメージを活かして、デカメニューにしたのが「海鮮天丼」（１２００円）と名物「浅蜊うどん」（６８０円）です。見ただけでおなかがいっぱいになり、満腹中枢が刺激されます。見た瞬間に加点される一品です。

とくに「海鮮天丼」は丼が見えないほど天ぷらがのっているデカ盛りです。真ん中のエビ天の大きさもインパクトがあります。「浅蜊うどん」もアサリがどっさり入った濃厚な味わいです。

加点ポイント

デカく盛る（＋10点）＋エビ（＋5点）＝15点

◎事例27　『炭火焼肉・にくなべ屋　びいどろ』（兵庫県神戸市）
驚きの〝牛肉タワー〟のインパクト――タワー型の名物肉鍋

デカい盛り付けで見た目のインパクトがすごいと言えば、神戸の『炭火焼肉・にくなべ屋びいどろ』の「肉鍋」でしょう。

このお店は、肉鍋と神戸牛の焼肉の店です。神戸牛の入った名物「肉鍋」は、鉄鍋に牛肉がタワー型に高く豪快に盛り付けられた圧巻の一品です。山盛りになった肉を、１枚ずつはがして、赤鍋・白鍋の2種類ある出汁でいただくものですが、野菜、豚肉、新鮮なホルモンまで入ってボリューム満点です。１人前１３２０円、肉鍋コースで４０００円~７５００円とコストパフォーマンスもすばらしいですね。

実はこの商品、高く山盛りになった外側は神戸牛なのですが、内側に隠れた肉はＳＰＦでうまくできています。見た目のインパクトが大きい上にお腹いっぱいになるという商品設計になっています。

２０１５年6月には東京に進出し、初台に『神戸びいどろ』がオープンしました。

こちらのウリは〝神戸牛の階段〟です。流行の〝階段〟ですね。このタイプはだいぶ出回るようになりました。厚切りの白タン、神戸牛イチボ、神戸牛ザブトン、神戸牛カルビ、神戸牛三角バラなどがのっています。

加点ポイント
デカく盛る（＋10点）＋神戸牛（＋15点）＝＋25点

◎事例28『平沼　田中屋』（横浜市西区）
外食の利用動機を変えた——元祖・板蕎麦

大きな板に盛られた「板蕎麦」は、横浜にあるそばの名店『平沼　田中屋』の人気メニューです。板蕎麦の元祖で登録商標のマークが入った、板に見立てた器にそばがバン！と盛られて出てきます。

「板蕎麦」（2・5人前850円）のいいところは、本来個食であるそばを「囲みメニュー」にしたところです。「囲みメニュー」とは、みんなが同じ料理を食べる、大皿料理のことです。そばは、お客様がそれぞれにメニューを注文する個食という、気軽な日常食のスタイルをとっています。しかし、それを板やたらいなどの大皿で提供することで、「囲みメニュー」のイメージを出すことができるのです。

このお店はそば屋なのに夜の営業が強いお店です。それはなぜか。「何人かで来て、食べる」という利用シーンは、それまでそば屋さんにはありませんでした。しかし、夜、みんなで誘い合わせて食べに行く、という利用シーンのイメージを、新しくつけ加えることができたんですね。夜の営業が強い理由はほかにもあると思いますが、私はこの部分が強いように思います。

「板蕎麦」というメニューのインパクトは、見た目だけでなく、「次回は、みんなで食べに来よう（今日は連れて来ることができなかったけど、今度は誰かを連れて来よう）」という、次回の来店へとお客様をつなげていることにもあるように思います。

店はJR横浜駅から徒歩10分の平沼橋というとても辺鄙なところにあります。なのにお客様が吸い寄せられるようにやってきます。その秘密は、独自性のある本当にうまい商品設計にあります。見た目、味、インパクト、食後感、すべてが計算されています。思わず人を連れて行きたくなる店なのです。

加点ポイント

デカく盛る　＋10点

4 マネされにくい〝ありえない食器〟で提供すると効果は絶大

◆高級食材でなくても大きな加点要素にできる

あり得ない食器で提供するスタイルはとてもわかりやすいです。そして、コストがかかるなど、諸々の理由であまり真似されることがないのもメリットでしょう。

シカゴにある有名なフレンチレストラン『TRU』の名物が〝キャビアの階段〟です。らせん階段状になった特注のガラスの器にキャビアをのせた豪華なメニューです。この〝キャビアの階段〟を一緒に食事をした人や、話を聞いた人でこのスタイルを取り入れた店もあります。

この場合、特注のガラスの器が簡単にマネのできない〝参入障壁〟となります。私は、マネされにくいという面で参入障壁をポジティブにとらえていますが、多くの人は「面倒なこと」ととらえるでしょう。

ある日、私が主宰するセミナーで「大工さんに頼んで、階段をつくりました。見て下さい」と声をかけてくれた人がいます。塾生の森智範さんです。森さんは福岡市で『魚男』（フィッシュマン）という居酒屋の繁盛店を経営してますが、「刺身の階段」をつくり人気になっていました。森さんは大阪の『頂鯛（いただきたい）』のプロデュース時に「刺身の階段ランチ」を限定10食、1000円で売りました。これが「食べログ」の有名なレビュアーの目に留まり、発信され、大ヒットしました。それ以来、大行列するようになったわけです。

あり得ない食器で提供することで＋20点加点されます。また、あり得ない食器と類似の効果が期待できるのがフルーツを器に使った提供方法です。パパイヤのスープ、モモやスイカ、メロンなどデザートで器をうまく使うと＋10点加点されます。

覚えておいていただきたいことは、あり得ない食器というくらいですから、簡単にできてしまったら、巷にあふれかえってしまいます。おいそれとはマネできないからいいのです。だからこそあきらめずに、どうしたらできるかを考えて欲しいわけです。

あり得ない器の加点要素としては次のようになります。

●あり得ない器で提供する　＋20点
●フルーツを器に使う　＋10点

◎事例29『和牛焼肉じろうや　介』（名古屋市中村区）

ゴージャス感いっぱい——飛騨牛の階段盛り

ある日、友人が強化アクリル素材を使って、コンパクトな階段をつくってくれました。せっかくなので、塾生さんの焼肉店を経営している人に「買いませんか」と声をかけてみました。ただし、ロットが大きく、10個も買うとかなりの高額になってしまいます。結局、何軒にも声をかけましたが、導入したのはただひとりでした。それがJR名古屋駅前にある『和牛焼肉じろうや　介』（名古屋駅前本店）です。

このお店は、「飛騨牛A5雌牛」のみを使い、客単価も夜は8000円～1万円ほどの比較的値段の高い焼肉店です。ここで、アクリルの階段型の器を使用し、飛騨牛のいろいろな部位をのせて名物〝飛騨牛の階段盛り〟（商品名「本日の飛騨牛特選盛り合わせ」）をつくり、大人気メニューになりました。

ところで、苦戦が予想されたある大型店に、この〝階段盛り〟の導入を強くおすすめしましたが、「置く場所がないんだよね」という理由で固辞されました。置く場所がないのは『じろうや　介』も同じです。「**繁盛は心と習慣がつくる**」ということでしょう。おもしろいものですね。

加点ポイント

飛騨牛（＋10点）＋A5（＋10点）＋あり得ない食器（＋20点）＝40点

◎事例30　『バル Ichimi 縁』（三重県四日市市）

玉手箱のように煙もくもく——厚切り牛タンの宝石箱

三重県四日市市で人気上昇中の〝肉バル〟です。肉バルというだけあって、ローストビーフ、牛タン、ハラミなどの料理をウリにしています。名物のビーフシチューは、一緒に供されるバケットがおかわり自由で好評です。

このお店で強烈なインパクトのあるメニューが「厚切りタンの宝石箱」（500円）です。細長い四角い器のふたを開けると、あら不思議、もくもくと煙が立ち込めます。器の中には、炙った牛タンが入っているという提供方法です。

この煙はドライアイスの演出ですが、非常に人気があります。ドライアイスの演出というのはけっこう見られます。しかし、**大事なのは、やるかやらないか、です。繁盛する店は、おもしろいと思ったらすぐに実行します。**繁盛しない店はどうしても受け身になりがちですね。

ちなみに、お通しはマッシュポテトなのですが、ポテトの中にはたくあんが入っていて、食感のアクセントになってます。この店のおもしろいところは、どの料理にも刻んだたくあんを添えてあることです。第4章でも詳しく解説しますが、食感のない料理にあえて〝食感〟を加えることで魅力を高める、「食感」という加点要素をプラスしています。

加点ポイント

あり得ない器・提供法の演出　＋20点

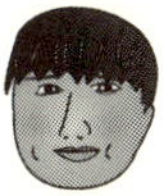

◎事例31『エルバ・ダ・ナカヒガシ』（東京都港区）

究極に〝あり得ない〟――サイフォンで抽出したスープ

究極に〝あり得ない〟のが東京・西麻布のイタリアン『エルバ・ダ・ナカヒガシ』

のスープの提供方法です。強烈なインパクトを感じさせます。

このお店は、京都の和食の名店『草喰なかひがし』の次男、中東俊文氏のお店です。西麻布の交差点近くの路地にあり、いかにもという場所なので、食通の人たちにはわかりやすいかもしれません。狭い階段を下りると、カウンターがあります。カウンターはシェフと相対する席が4つ、反対側に着座でき4人掛けの座席が1つあります。ほかに2名用個室、6名用個室があります。

さて、驚きのスープは、おまかせコース（1万2000円）で供されるミネストローネなのですが、なんとサイフォンで抽出しています。生ハムの骨や野菜くずで引いたブロードとハーブを中東シェフがお客様の目の前で抽出し、提供するというスタイルです。〝あり得ない〟という点においては究極のスタイルでもあるため、＋20点以上の加点要素があるかもしれません。

サイフォンでスープを抽出するといった方法は、それなりに手間とコストもかかるため、チェーン店ではまず稟議が通りません。ヒット商品やアイデアの多くは真っ先にチェーン店がマネをします。こうした視点も他店が真似できないアイデアのひとつと言えます。

加点ポイント
あり得ない器　＋20点＋α（目の前で調理するライブ感）

◎事例32『パロマグリル』（福岡市中央区）
〝ターンテーブル〟を皿に！――驚きの野菜料理

最先端のメニューを提供して人気を集めた福岡市の『パロマ　マグリル』ですが、２０１６年3月9日に閉店し、デリバリー専門店として生まれ変わりました。ですので今はもう見ることのできないメニューですが、〝あり得ない食器〟という意味では参考になるアイデアなので、あえて紹介することにしました。

「世界の飲食業界で最先端のメニューを出す」というコンセプトのもと、斬新なメニューを提供してきたこの店で、「農園野菜のメリー・ガルグイユ」という商品名で当時話題を集めたのが、ターンテーブルを皿に使った野菜料理です。直径50センチの特注の回転式ターンテーブルに、約40種類もの野菜と多彩なソースを客席で盛り付けるという料理です。〝バーニャカウダの一歩先を行く〟新しい野菜料理としてたいへん注目されました。

これは、著名なフランスの料理人ミシェル・ブラス氏の代表作と言われる伝説的な野菜料理「ガルグイユ」と同じ考えで開発し、盛り付けを変えたものです。お客様のすぐ目の前に素材を運び、盛り付けるというショー的要素は、サプライズと感動をもたらします。中華料理店で定番のターンテーブルをこんなふうに使うなんて、あり得ない発想ですね。

オープンから14年間人気メニューであり続けたハンバーグやオムライス、「福岡でいちばんおいしいカレー」と評判だったカレーライスなどをデリバリーでということですが、生まれ変わっても何かやってくれそうな期待感が持てる店です。

これも前出のサイフォンで抽出するスープと同様、〝あり得ない〟という点においては究極のスタイルでもあるため、＋20点以上の加点要素があるかもしれません。

加点ポイント

あり得ない食器　＋20点＋α（目の前で盛り付けるライブ感）

5 「普通じゃない形」にしてヒットメニューにする条件は"おいしい"こと

◆形を変えても「おいしい」ことが売れる大前提！

普通じゃない形というのは、どちらかというと物販で効果が期待できます。普通は「丸」だと思っているものが「四角」になっているというような「形状の変更」は意外性があって、見た目のインパクトが強くなります。普通じゃない形の代表的なものに事例で紹介した『札幌グランドホテル』の四角い形のクリームパンがあります。

形の変更で重要なのは、形を変えても「おいしい」ということが大前提です。むしろ元よりおいしくないと売れません。そこに調理的な変更も加えるとともに予想される商品レベルを上回ることです。この手法は形状だけにとどまり、食べたあとにおいしかったという食後感を出せなければ、一発もので終わってしまいます。ここが難しいところでもあります。

「常識のワナ」という考え方があります。料理人は、"型"を覚え、料理をつくるパターンができると、違うことをやりたがらない傾向があります。クリームパンは丸いもの、四角い形のクリームパンをつくったことがない職人に、「型に入れて焼けばできるんじゃないの」と私が助言してつくらせたのが四角いクリームパンですが、「これはうまい！」と驚いていました。パン職人では考えつかない発想です。

●普通じゃない形　＋10点

◎事例33『札幌グランドホテル』（札幌市中央区）

形を変えて味もグレードアップ！——四角いクリームパン

「クリームパンって、どうして丸くて、パサパサしているんですか？」

これは、私がパン屋さんのコンサルティングを始めたばかりの頃に、受賞経験のある、とあるパン職人に向けた質問です。最初は、「そういうもんなの」「スタンダードなレシピだから」という返事でしたが、あまりに私がしつこく聞くので、四角い型でクリームパンを焼いてくれました。そして、発見しました。型で焼いたクリームパンの、しっとりしておいしいこと……。これはクライアントのパン職人さんにも意外な発見だったようでした。

型に入れることによって食パンのような「しっとりとした食感」を得ることができることを再確認したのです。これは、形状変更にとどまらない、「意外なおいしさ」の一例だと思います。

そんなことがあってしばらくして、札幌の名門ホテル『札幌グランドホテル』から「パン屋を見てもらえないか」と依頼されました。ホテル内の「ザ・ベーカリー&ペイストリー」で導入したのが「四角いクリームパン」です。

加点ポイント

普通じゃない形（予想よりおいしい）　＋10点

◎事例34　『だんだん』（広島市中区）

〝まごころ〟がプラスアルファされた――ハート型のお好み焼き

広島市内に『だんだん』という非常に人気のあるお好み焼き屋があります。元々は素人からスタートした店としては大成功したお店と言えるでしょう。地域に愛され、二世代、三世代にわたって支持される地域密着の手本です。

お好み焼きそのものがもっとおいしい店はほかにもあるかもしれません。でも、料理そのものがちょっとくらいおいしいからといって、このお店の魅力にはかなわないかもしれませんね。その秘密がこのオーナー夫婦による心温まるサービスです。

私が『だんだん』を初めて訪問したときに、お好み焼きを見て「さすが繁盛店！」と思いました。それは、ハート型の、ホスピタリティあふれるお好み焼きだったのです。型でくり抜くのだと思いますが、そこにマヨネーズで「ようこそ　だんだん」と書いてありました。嬉しいですよね。

お好み焼きをハートの形にした心温まる愛あるサービスです。ちょっとしたことだけど、ほかにはできない、ちょっとした差があります。もちろん、愛の受け手は愛のわかる人になりますが、そんな素養があるお客様が集まるのです。まさに、善の循環経営の手本の店です。

お好み焼きは広島では日常食ですが、こうした形状の変更で、利用シーンを拡げているのです。利用シーンを広げることで人が集まり、たとえば、家族の記念日のような〝ハレ〟の日の行事に使うようになるのです。

加点ポイント
普通じゃない形　＋10点

6 お客様の目の前で仕上げる〝ライブ感〟が大ヒットメニューをつくる

◆ライブ感、シズル感というエンターテイメント

ライブ感の要素は、アツアツ、ジュワーのシズル感や、目の前で仕上げる、自分で仕上げることで五感（香り）を刺激するメイラード反応の訴求力、そしてエンターテイメント性も挙げられます。

メイラード反応とは、食品科学の分野で言う「褐変現象」のひとつで、うなぎ、焼き鳥、パン、焼肉などの焦げ目が付くことです。香りもいいし、見た目も食欲をそそられます。

和食店において料亭よりも割烹のほうが人気があるのは、カウンターでお客様の目の前で仕上げて五感に訴えかけるため、エンターテイメント性が高くなるからです。有名シェフ（＋20点）が目の前で仕上げてくれるなら、なおさらですね。距離感が近

く、まさに〝劇場〟です。このプラチナチケットを求めて予約が取れない店が都内や京都、大阪、福岡には多々あります。

目の前で調理する（仕上げる）ライブ感、シズル感で＋20点加点されます。さらに、燻製の煙など、香りやメイラード反応の単体でも加点要素になり、＋5点加点とします。

●料理人が目の前で調理するライブ感　＋20点
●（料理人ではない）スタッフが目の前で調理する感　＋10点
●シズル感　＋20点
●香り（薫香など）　＋5点
●メイラード反応（焦げ目）　＋5点

◎事例35　『東京苑　大塚本店』（東京都豊島区）

目の前でグツグツ煮えたぎる――石焼海鮮クッパ

東京・大塚の『東京苑』は、A5ランクの黒毛和牛を使用した「名物10秒ロース」

「特上3秒ロース」を看板に、今や芸能人や著名人から絶大なる人気を誇る焼肉店です。片面5秒ずつ焼いて、合計10秒焼いて召し上がって下さい」というのがこのお店の流儀です。

『東京苑』のもう一つの名物が「名物石焼海鮮クッパ」です。焼肉店では珍しい海鮮料理風の仕立てで、石焼きビビンバ風に提供されますが、目の前でスープを入れて海鮮の香りが広がり、目の前でグツグツ煮えるスープを見るとワクワク感があります。これぞライブ感、シズル感ある一品です。

加点ポイント

ライブ感（＋20点）＋香り（＋5点）＝＋25点

◎事例36『bb9（ベベック）』（神戸市中央区）

〝薪焼き料理〟が新しい――燻製バター

〝薪焼き料理（マタドール）〟なる新しいジャンルがあるという噂を聞いて訪れたのが神戸・元町にあるスペイン料理店『ベベック』です。ミシュラン一ツ星に格付けされとても人気のレストランです。

マタドールとは、スペインで始まった薪を自由に操り、火入れ、香りを自在に操り、ソースと組み合わせてつくる新カテゴリーのことです。

スペインのビルバオから車で1時間くらいのところにミシュラン一ツ星の『ETXBARRI（エチュバリ）』という店があります。こちらのオーナー・エチュバリ氏は脱サラして飲食店を始め、アサドール（薪）で調理をする料理を確立しました。

エチュバリ氏は4種類の薪を使い分け、驚きの料理を提供します。薪料理というと、ピザ釜で焼く料理のように思いがちですが、特殊な調理器具を使って、素材と薪の香りとソースなどで独自の世界観を創り出す料理です。

『ベベック』の名物に「燻製バター」があります。薪で燻製した自家製バターにトリュフをかけて提供されます。トリュフを使い、香り（薫香）があり、サク味（サクサクした歯応え）があるトーストという加点要素の多いしっかりとした商品設計でつくられた一品です。ほかに、淡路のナゴヤフグや真サバ、天然ヒラメの薪焼き、熟成肉の薪焼き、野菜やポルチーニの薪焼き、燻製アイスクリームなど、さまざまな薪料理が供されます。

加点ポイント

薫香（＋5点）＋トリュフ（＋10点）＋サク味（＋15点）＝30点

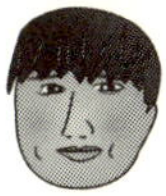

◎事例37　『セララバアド』（東京都渋谷区）／『ヴァリアンテ』（神奈川県川崎市）

ライブ感でワクワクさせる――瞬間スモーク

オープンキッチン、カジュアル、シェフとの距離が近い――。東京・代々木上原の『セララバアド』は、これからの時代のキーワードが詰まったスパニッシュレストランです。お店のコンセプトは「モダンガストロノミーを気軽に！」。オーナーシェフの橋本宏一氏は、気軽にということからディナーコースを７８００円の価格設定にして、10～12皿で提供しています。

コースの中で供される瞬間燻製が評判ですが、提供方法が秀逸です。たとえば、ヒラメとカブの瞬間燻製は、温度差を利用して科学の実験道具のような手製の道具を使い、素材を入れた小さな瓶に燻製の煙を一気に閉じ込めて瞬間燻製させます。そして瓶ごと提供し、お客様が自分でふたを開けると煙と香りが一気にひろがり、五感で楽しめる料理となっています。

前衛的な料理を出す店にありがちな〝わかりにくい味〟ではなく、しっかりおいしさの落としどころがある店です。散々飲んで1万5000円弱ですので、これはなかなか予約が取れなくても当たり前ですね。

もう1軒、川崎市、向ヶ丘遊園にある『Variante（ヴァリアンテ）』は、脱サラしたご夫婦で始めたレストランです。このお店は一日一組限定で、イタリアの郷土料理をベースにしておりますが、ここでもスモークマシンを使った瞬間燻製など現代的な調理方法も取り入れています。稲藁の薫香をまとった5種チーズ（マスカルポーネ、リコッタ、ルビオラ、パルメジャーノ、水牛モッツァレラ）のアニョロッティ・ダル・プリンなど、センスのよい料理です。

スモークマシンを使った瞬間燻製は、強い香りを付けるものではなく、瞬間的に感じる香りなので、くどくないのが特徴です。ちなみにここのスモークマシン（スーパーアラジンスモークマシン）は、楽天市場だと4万6000円前後で購入できます。『セララバアド』は、自家製の道具ですが、他の店で使っているスモークガンタイプ（並行輸入品）だと、アマゾンで1万5000円～4万5000円程度で購入できるようです。

加点ポイント
ライブ感（＋20点）＋薫香（＋5点）＝25点

◎事例38『鮨よしたけ』（東京都中央区）

火入れ加減も絶妙な――藁で燻製するサワラ

高級寿司店の燻製もひとつ取り上げておきましょう。

言わずと知れた東京・銀座のミシュラン三ツ星『鮨よしたけ』です。香港に出店した店も三ツ星に格付けされています。

こちらでいただけるのが、藁で燻製するサワラやカツオです。カツオは提供する直前に藁で炙ります。サワラにしても軽く炙ります。「あまり焼くと焼きサワラになってしまう」というように火入れ加減がまた絶妙です。マスタードを付けるというひねりもあり、淡白なサワラに味のボリュームが出てくるのです。

サワラは店の看板商品にはなっていませんが、大久保的には十分看板商品であると考えます。ミシュランの審査員が評価していると思しき要素のひとつに「**薫香**」があります。

寿司そのものは目の前でつくるので常に＋20点加点されますが、薫香で＋5点の加点となります。

加点ポイント

有名店（＋15点）＋寿司（＋10点）＋ライブ感（＋20点）＋薫香（＋5点）＝＋50点

7 「目の前で調理」を接客サービスに取り入れると売れるメニューがつくれる

◆接触（プラスサービス）ははは」大きな加点要素にできる

料理人やスタッフのサービス（接触）には、〝ライブ感〟というおいしさの加点要素があります。とくに料理に何らかの手を加えるのをお客様が目の当たりにするとより〝おいしそう〟に見えます。

たとえば、料理人が鉄板焼きを目の前で調理してくれるカウンターで食べてとてもおいしかったので、同じお店で、家族で利用しようと個室で食事をしたらそれほどおいしく感じなかったということがあります。これがまさに「料理人が目の前で調理する」という加点要素（＋20点）なのです。

さらに、テレビでよく見るシェフが目の前で調理してくれると嬉しいですね。有名料理人の割烹店は人気がありますが、有名料理人という加点要素（＋20点）と料理人が目の前でつくるという加点要素（＋20点）の計＋40点が加わり、おいしさの採点は高くなるのです。

実は、おいしい、おいしくないを決める要素に〝環境〟は大きく影響します。嫌な上司と食事をしていてもおいしく感じませんね。実際、「食べログ」の評価が高いお店を食べ歩いていると、料理人のサービスが極めて高い場合が多いことに気づきます。つまり、スタッフの対応ひとつが、おいしさの採点に対して加点要素にも減点要素にもなるのです。

「目の前で調理する」ということは、お客様と接触する、プラスサービスを提供することです。しかし、価格を下げる代わりになるべくお客様との接触時間や接触回数を減らして、マニュアルと教育訓練によってQSCを維持するというやりかたが外食産業に行きわたった結果、〝管理された金太郎飴集団〟にお客様もすっかり慣れてしまい、魅力を感じなくなりました。

そうした中、人気居酒屋チェーンの『塚田農場』『じとっこ』などを展開する㈱エー・ピーカンパニーのように、あえて、戦略的に「接触」を活用して差別化をする企業が現れました。

たとえば、メニューに〝再接触する〟仕掛けを考えてシステム化するのです。料理人ではないスタッフが仕上げるなどの接客サービスに戦略的な〝接触〟を取り入れる飲食店が増えてきました。このやり方はお客様にわかりやすく伝わりますし、インターネットなどの情報ツールが大衆化してクチコミサイトの効力が高くなることで、ことさら評価に結びつくようになっています。ライブ感の加点要素は１０５頁～１０６頁でも取り上げましたが、以下のようになります。

●料理人が目の前で調理するライブ感　＋20点
●（料理人ではない）スタッフが目の前で調理するライブ感　＋10点

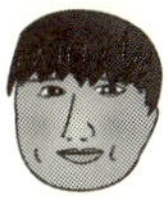

◎事例39 『塚田農場』

〝再接触〟の巧みな仕掛け——目の届くところでつくるガーリックライス

接触型の加点要素の高い売り方の好例をひとつ挙げておきましょう。人気居酒屋チェーンの『塚田農場』のガーリックライスです。これは、いわば〝再接触する〟仕掛けの典型的なパターンです。

『塚田農場』は、宮崎地鶏の「地頭鶏（じとっこ）」、鹿児島地鶏の「黒さつま鶏」などを使用した地鶏料理が看板商品ですが、接客サービスが良いことでも評価されています。人気メニューは鉄板で出される地鶏炭火焼ですが、食べ終わると、ごはんを出してくれます。そして、浴衣をきた女性店員さんが、炭火焼を食べきったお客様の目の届くところでその鉄板でガーリックライスをつくってくれるというサービスです。しかもハート型です。

これは、最後の脂まで地鶏の旨味を味わってほしいという思いから生まれたアイデアのようですが、接触型のプラスサービスとしては絶大な効果があります。

ほかにも、お通しのキャベツが余ると最後にもつ鍋風のスープにしてくれたり、担当者や責任者が最後に名刺を持ってお客様にあいさつに来たり、あるいは来店するたびに主任↓課長↓部長と出世していく「昇進する名刺」をスタンプカードにするなど、こうしたプラスサービスで顧客を拡大してきたのがこの店です。これら一つひとつがお客様の採点表の加点要素になります。従来の居酒屋を超えたエンターテインメント性の高さです。

加点ポイント

（料理人ではない）スタッフが目の前で調理するライブ感　＋10点

第４章
なぜ、「サクッ、ふわっ、とろ～」の食感メニューはお客様を幸せにさせるのか

◎官能を刺激する〝歯応え〟をつくると最強の〝リピート〟メニューになる

1 「サクッ、ふわっ、とろ〜」の食感が売れる本当の理由

◆やわらかさは「タレ」で食べる食習慣にベストフィット

満腹中枢の刺激は、ナトリウムの摂取、糖の摂取、胃袋の充足、咀嚼で得られます。塩分や糖分で濃厚なソースをまとった食材を大量に素早く胃袋に送り込むには、噛まずに飲み込めれば最高です。そのため、食材はやわらかいほうが満腹中枢への刺激が大きいというわけです。

日本人はチェーン店の「〝やわらかい食材〟がおいしい」という、場合によっては「やわらかいものが極上」という啓蒙と商品提供によって、「固い」イコール「質が悪い」という認識を持つようになりました。やわらかい商品や料理を食べ続けた結果、やわらかい食材を求めるようになりました。低温調理（59〜60℃で長時間加熱する）が受け入れられたのも、やわらかいほうがおいしいという暗黙の価値観が浸透したからだと思います。

サクサクした歯応えのある食感の強いものは、以前は高級店では敬遠されていました。

音を立てて食べるということ自体がマナーとしてよくないとされていました。しかし、最近は外食店がカジュアル化してきており、和食店でもフレンチでも、高級店でもサクサクした〝サク味〟のあるものが増えてきました。

第6章で、満腹中枢の刺激を加えることの大切さを解説しましたが、満腹中枢の刺激を加える調理にはパターンがあります。

名物料理・売れる人気料理を研究していて共通するのが、「サクッ、ふわっ、とろ～」という食感です。

第4章ではこの3つの食感について検証してみましょう。

●「サクッ」とした食感（＋20点）

サク味は、濃いタレにありがちな強い塩分や糖分を感じなくさせる手段だと、私はこれまでの著書で述べました。しかし、最近、「サクッ」とした食感自体も、満腹中枢を刺激すると考えるようになりました。まだ検証途上ではありますが、かなり可能性は高そうです。

最近まで、テーブルマナーがあるためか高級店の料理にはあまり派手な食感をつけないことが多かったです。

しかし、食感のメリハリが重視されるようになってくると、満腹中枢に刺激を加えることで、「おいしい」と感じるのではないかと思うのです。

ここでは、歯切れのいい「サクッ」とした食感を加えていれば＋20点の加点とします。

ちなみに、「サクッ」よりも、少しおいしさの評価のランクが落ちると考えます**「カリッ」とした食感は、＋10点くらいと評価します。**

うなぎの蒲焼にも「サクッ」という食感と「カリッ」という食感があります。焼きこむとでより「カリッ」となります。

ちなみに、レタスの「パリッ」とした食感や、大根のはりはり漬けも同じような効果が狙えます。

●「ふわっ」とした食感（＋15点）

「ふわっ」とした食感は、「サクッ」とした食感や「カリッ」とした食感と組み合わせると、よりサク味を強調できます。

たとえば、マクドナルドの人気定番メニューにフィレオフィッシュがあります。「カリッ」として、「ふわっ」とした白身魚のフライと蒸したバンズを組み合わせることで、フライのサク味をより強調しています。そして、チーズやタルタルソースが「とろ〜」ととろけておいしいという、よくできた商品設計です。

●「とろ〜」とした食感（＋20点）

「とろ〜」というのは、タレ（ソース）そのもの、あるいはタレを染みこませた食材を示します。「とろ〜」とした食感は、食感自体よりも、〝タレを飲んでいただく〟ことが大きいです。そこが、よく私が言う「**ソースを食べている**」というゆえんです。

高級寿司店では、江戸前のアナゴよりも対馬のアナゴが好まれる傾向が強くなっています。江戸前のアナゴの入手が厳しくなったこともありますが、深海に生息する対馬のアナゴは脂がのっています。スチームコンベクションオーブンなどで調理し、提供前に再加熱すると「ふわっ」とやわらかく、ツメを塗ったアナゴの「とろ〜」とした味わいが追いかけてきます。

また、たとえば、内側にウニやマッシュポテトのようなやわらかい食材を入れて、外側を肉などの硬さがある食材で覆うことで「とろ〜」とした食感が演出できます。

◎事例40『ハルヤマシタ東京』（東京都港区）

2貫つけることで効果倍増！——神戸牛で巻いたウニ

山下春幸氏がオーナーシェフの超人気店が『ハルヤマシタ東京』です。お店は、赤坂の東京ミッドタウンにあります。こちらの看板商品は、ウニを神戸牛で巻いた「神戸牛の生雲丹巻き スモークアブリューガキャビアを添えて」です。

薄切りの肉を二枚重ねることで食感を付けていますが、これまで8万食を提供したそうです。肉が厚すぎるとウニの食感に勝ってしまうので、薄い肉をのせることでウニのやわらかい食感と肉のやわらかさのバランスをとっています。巻くことでウニの甘さを強調することができますが、巻く食材が固いとその食感が邪魔をして甘さを感じなくなります。

この商品を2貫つけていますが、「味覚の残存効果」でウニを強く感じる特性を狙ったものです。1個目より、2個目のほうがしっかりとしたウニの甘さを感じるのです。寿司屋でなぜ握りを2貫つけるのかというと、たとえばコハダなら、コハダの持っている味が2貫目のほうがしっかりとわかるからです。

神戸牛で15点、ウニで20点加点されベースが＋35点という商品です。さらに、やわらかいウニを内側に巻いて「とろ〜」とした食感が加わり＋15点が加点されて＋50点の看板商品になります。

加点ポイント

神戸牛（＋15点）＋ウニ（＋20）＋「とろ〜」（＋15点）＝50点

◎事例41 『サローネ2007』（横浜市中区）

高級食材の組み合わせ――A5和牛で巻いたトリュフの香りのマッシュポテト

「食べログ」でもレビュアーの評価が高い、横浜・新山下のイタリアン『SALONE2007』（サローネ ドゥエミッレセッテ）は、常に最先端のイタリア料理を追求するサローネグループの旗艦店です。料理は1万2000円のコースオンリーです。こちらのA5のサーロインで巻いたトリュフの香りのマッシュポテトはわかりやすいひと口前菜です。白トリュフ（＋10点）で香り付けしたやわらかいマッシュポテト（＋15点）を、A5（＋10点）の和牛（＋15点）で巻いた加点要素が多い一品です。

加点ポイント

和牛（＋15点）＋A5（＋10点）＋サーロイン（＋5点）＋トリュフ（＋10点）＋「とろ〜」（＋15点）＝＋55点

2 なぜ、繁盛するとんかつ屋は生パン粉を使うようになったのか？

◆満腹中枢を刺激し、サク味を出すため

食材の表面にサク味があると咀嚼したときの刺激が顔の感覚を支配する三叉《さんさ》神経を伝わり、満腹中枢を刺激するのではないかと私は考えています。そのサク味を出すためにに使用されはじめたのが「生パン粉」です。

とんかつという調理は揚げ油と食材の水分の交換反応です。とんかつの肉の中心に火が入るまで、パン粉やパン粉に包まれた食材の水が揮発します。

昔よく使っていたドライパン粉だと、水分がすぐに蒸散して、食材の水分が失われていきます。そのため、以前、よくあった固いカツができるのです。生パン粉は適度に水分があるため、じっくり加熱することができます。たとえば、低温でじっくり揚げた『成蔵』の「シャ豚ブリアン」は絶品です。

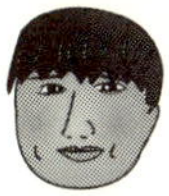

◎事例42　『成蔵』（東京都新宿区）

三拍子揃った絶品とんかつ――シャ豚ブリアン

「食べログ」の東京のとんかつ部門で上位にあるのが高田馬場の『成蔵』です。高田馬場というと『とん太』があまりにも有名ですが、この『成蔵』が高田馬場でとんかつ戦争を勃発させました。

まず、立地ですが、なぜ、とんかつ屋をやるのにこんな場所の地階を選んだのかわかりません。とてもとんかつ屋でやっていける立地ではありません。内装もミスマッチです。しかし、名店に空間など関係ないのでしょう。この狭い間口で、この階段を下りるのは、もはや外食ビギナーではないですね。成熟の時代、看板を見て来店するようなお客様を相手にするようでは、名店になれないのかもしれません。

さて、この店の名物「霧降り高原豚シャ豚ブリアン」は最高傑作です。１８０グラム、定食で２５９０円という価格ですが、ヒレの中でも最もやわらかい部分（牛肉でいうシャトーブリアン）を分厚く切り、極上のラードでじっくり時間をかけて揚げています。食べると「サクッ、ふわっ、とろ～」と、肉汁もジューシーな「20点＋15点＋20点」の55点の加点要素の逸品です。

高い回転率、高い坪効率を誇ってきたとんかつ業界ですが、そこで最重要課題とされてきたのは提供時間でした。分厚く揚げて提供すればおいしさで差別化ができることを知りながら、とんかつ店拡大期においては、あくまで効率経営が基本です。多くのとんかつ店は、リーズナブルかつ待たずに食べることができる、早く揚がる厚さにし、利便性を重視した商品を提供してきました。

そうした商品設計に一石を投じたのが、『成蔵』の「シャ豚ブリアン」なのです。

加点ポイント

「サクッ」（＋20点）＋「ふわっ」（＋15点）＋「とろ～」（＋20点）＝＋55点

◎事例43 『うなぎ処 山道』（福岡市中央区）

「サクッ、ふわっ、とろ～」をタレで食べる——最強のうなぎ

福岡市薬院にある『山道』は、養鰻業者直営の素敵すぎる鰻屋です。養鰻場は宮崎県日向市にあるそうですが、丘陵地で伏流水を使用するので水は非常に良く、餌もサバなどとてもコストをかけているようで、条件が良いときは本当にすばらしいウナギが育ちます。このお店で提供されるうなぎは「ひむか山道うなぎ」ブランドの最高級ものだそうで、「うな重」３６００円はかなりのコストパフォーマンスです。

備長炭は、日本三大備長炭と称される宮崎県美郷の宇納間《うなま》備長炭を使用しているため、抜群の焼き加減になるようです。米は霧島山麓で四代続く農家、木下進一さんの合鴨農法米で、もちろん、無農薬、無化学肥料。現地から直送の米を店内で精米しているとのこと。さらに、尾鈴山天然水で炊き上げるそうです。

さて、うな重ですが、こちらは活けにこだわり、注文を受けてから素焼きにして、タレをつけてじっくり炙ります。

食べてみると、カリッと香ばしくて、ふっくらして、実にうまい。タレは少々甘いですが、味わいのバランスが良いんですね。

加点ポイント

「カリッ」（＋10点）＋「ふわっ」（＋15点）、「とろ～」（＋20点）＝＋45点

◎事例44　『田舎庵　小倉本店』（北九州市小倉北区）

「カリッ」として「ふわっ」——名店のうなぎ

あまり言われることはありませんが、うなぎの焼きは串に何を使うかも大きな要素です。つまり、鉄串と竹串では焼き上がりが違います。九州から名古屋あたりまでは鉄串を使う店が多く、コナシを入れるか入れないかによっても焼き上がりが違います。

コナシとは業界用語のようですが、串を入れた鰻を折りたたむようにして焼きを入れることで、脂を落としながら表面をパリッとさせる手法です。表面はパリッと、中は「ふわっ」と、長く焼けば「カリッ」となります。この代表が私の好きな小倉の『田舎庵』です。全国でも10指に入るであろう鰻屋の名店です。

関東のそれとは違う地焼きタイプの店で、独自の焼き方で、中は「ふわっ」としています。皮目の食感は、『山道』の「サクッ」とした食感ではなく福岡の人が好む「カリッ」とした食感です。

この店には、9月、1月、3月と時期を変えて訪れましたが、季節によってうなぎの味わいも変わります。5月ころから天然ものになるそうです。

加点ポイント

「カリッ」（＋10点）＋「ふわっ」（＋15点）、「とろ〜」（＋20点）＝＋45点

◎**事例45**『日本酒　肴月』（大阪市中央区）

天ぷらで食べさせる意外性——ホタルイカの磯部揚げ

ホタルイカというと、蒸したり、茹でたりすることが多いと思います。とろみだけで食べさせている部分がありますが、少しこだわると炭火焼にして薫香をつけます。春の味覚ですからそれはそれいいのですが、「サクッ、ふわっ、とろ〜」の商品構成から考えて、ホタルイカの食べ方は天ぷらがいちばんおいしいと考えます。薄い衣で揚げるとサク味があり、中のわたが「とろ〜」として、本書の大久保流加点方式では、より高い加点を得ることができます。

さらに、磯部にすれば海苔の香りが加わり、加点要素もさらに高くなります。実

際にこの料理を提供していたのが大阪・淀屋橋の隠れ家『日本酒　肴月』です。

お店は、淀屋橋駅から南側、平野町堺筋と御堂筋の間の「船場ＲＯＪＩＮＯ」という飲食街にあります。

ここの「ほたるいか磯辺揚げ」（６８０円）は出色の一品です。

海苔の香りを感じながら（＋5点）、食べると磯辺揚げの衣の食感が「サクッ」とした食感で（＋20点）、ホタルイカが「ふわっ」として（15点）中からワタが「とろ〜」と口の中に広がります（＋20点）。う〜ん、コストパフォーマンスもすばらしい絶品です。

加点ポイント

香り（＋5点）＋「サクッ」（＋20点）「ふわっ」（＋15点）＋「とろ〜」（＋20点）＝60点

◎**事例46**　『パン パティ』（東京都町田市）

143円の「サクッ、ふわっ、とろ〜」――カレーパン

「サクッ、ふわっ、とろ〜」のカレーパンの話をしましょう。

私が住んでいる東京・町田市にあるパン屋さん『パン パティ』のカレーパンです。

町田駅から徒歩30分の辺鄙な場所にありながら、遠方からもパンマニアが訪れる店です。

お店は山崎団地の界隈、車でしか行けないような場所にあります。初めてだとちょっとわかりにくいですが、店内の雰囲気は、あの千葉県船橋市の大繁盛店『ピーターパン』といった感じでしょうか。

比較的狭いベーカリーですが、総坪数が少ないことで、かえって賑やかに見えますね。

レジ裏にも、焼き上げた食パンを休ませておりますが、これまたにぎやかで盛況感を演出しています。

名物のカレーパンは小さめですが、薄めのパン生地は「サクッ」とし「ふわっ」と感があり、最後にパンパンにつまったカレーが「とろ〜」と出てきます。すばらしい設計のカレーパンです。

加点ポイント

税込みで1個143円。町田の繁盛店らしくコストパフォーマンスもよく、バランスのよい日常使いできるお店です。

「サクッ」（＋20点）＋「ふわっ」（＋15点）＋「とろ〜」（＋20点）＝＋55点

3 やわらかさは「もちっと」感でも演出できる

◆代表的なのが「食べログ」で評価が高い胡麻豆腐

多くの人が好きな食感に「もちっと」感があります。「もちっと」した食感は女性や若年層に人気のあるおいしさの演出法です。デザートでよく使われるおいしさの演出法で、＋5点の加点ができます。

デザートで使う場合、寒天やゼラチンなど凝固剤を複数組み合わせることで、食感を調整することができるため、「もちっと感」に多様性が出てきます。和食で胡麻豆腐が人気なのもこのようなテクニックが背景にあると私は思います。

「もちっと」感が演出できるものに、「食べログ」で評価が高い和食店の「胡麻豆腐」があります。

胡麻豆腐の商品の特性は、第1章で解説した茶碗蒸しや土鍋ご飯ほどではありませんが、胡麻豆腐も人気店が提供していることが多いメニューです。

多くの店は、焼き胡麻豆腐や揚げ胡麻豆腐のようにアレンジして提供しています。その理由はある和食店の店主に聞いたところ、「胡麻豆腐は冷たく提供しようとすると2日目から固くなるんです。焼きなら3日までいける」とおっしゃいました。焼いてみたら、3日目でも「ふわっ」としていた。もとはそんなことがあるのかもしれませんね。

しかし、実際に提供してみると違う意味で反応があり、「焼き胡麻豆腐?」とひねりを加えたサプライズを生んだものと思われます。

◎事例47　『五丁目 千 きいろ』（東京都港区）／『しらに田』（福岡市中央区）／『天ぷら　たけうち』（福岡県那珂川町）

定番から焼き、あんかけも――胡麻豆腐

『神田川』出身の料理人で、私の友人でもある芝崎裕介氏が経営する東京・表参道の人気店『五丁目 千 きいろ』の看板商品が「胡麻豆腐」です。

特徴はずばり「もちっと」感です。

ここでは、くず粉、わらび粉など3種類のでんぷんを使うことで、練り加減のうまさのピークがばらける原理を利用しています。

「もちっと」感を持続させるために混ぜるのです。1種類よりも食感のひろがりがあります。もちろん「もちっと」した食感を好む、女性や若い客層に受けるわかりやすい食感ですね。

前出、福岡の『しらに田』の名物の「焼きごま豆腐」は、コース料理の最初に組み込まれている仕掛けです。白胡麻豆腐にくず粉を打って焼いており、ちょうどお煎餅のような香りです。本くず粉をまぶして焼いた胡麻豆腐は、その発想のおもしろさが受けているのでしょう。ちなみにこの商品、楽天市場で通販でも販売されています。

もうひとつ、応用バージョンです。福岡市は、近郊ないし、九州一帯、また全国からのお客様が集まることが多いためか、はたまた地域の客筋がそうなのかは不明ですが、わかりやすい料理を出している店が評価される傾向があります。

その代表店として、第2章で紹介した『天ぷら　たけうち』があります。ここで提供しているのが、焼き胡麻豆腐の変化形である「焼き胡麻豆腐の蟹あんかけ」です。

加点ポイント

（『きいろ』の場合）もちっと感（＋5点）＋胡麻豆腐（＋10点）＝＋15点
（『しらに田』の場合）さくっと感（＋20点）＋胡麻豆腐（＋10点）＝＋30点
（『天ぷら　たけうち』の場合）あんかけの「とろ～」と感（＋20点）＋カニ（＋20点）＋胡麻豆腐（＋10点）＝＋50点

第５章
お客様を食通へといざなう〝プロの仕掛け〟とは何か

◎食材の驚きの組み合わせ、絶妙な火入れ、エンターテイメント性も高まる食べ比べでの〝顧客教育〟などなど、お客様をお店の虜にする工夫を随所に！

1 「えっ、そんな組み合わせが合うの?」をそっと伝える巧みな仕掛け

◆お客様を「食通」へ誘うプロセス【第1段階】

「いいお客さんがいない」と言う料理人がいます。

この料理人が言う「いいお客さん」とは、おもしろみのある料理をオーダーしてくれるお客様であり、本当の素材の味やかけた手間、調理技術がわかるお客様を意味しています。しかし、再三私が申し上げているように、「最初から本当の素材の味、かけた手間、調理技術がわかる人はいない」という原則に則り、〝味がわかるお客様〟に教育してくプロセスが重要なのです。

ただし、小学生程度の知識しか持ち合わせていない人に大学受験の内容を教えようとしても、かえって興味から遠ざかるだけです。そうしたお客様には、まずは小学生のカリキュラムを来店回数とともに履修していただくことにしましょう。

食材の組み合わせのギミック(仕掛け)は高得点が得られる!

人に話したくなる料理を食べることは、食への興味に誘う効果的な方法です。そ

の場合でも、ほかの料理との違いがすぐにわかるという仕掛けはとても大切です。

たとえば、料理人が時間をかけてつくったデミグラスソースがとてもおいしかったとします。お客様はこのデミグラスソースのおいしさをどのように表現するでしょうか？

私なら料理人を呼んで、「いやぁ、今日はとてもおいしかったけど、何か変えましたか？」と聞くかもしれません。そうすると、料理人から「以前より牛筋の量を増やしました」などと返ってきます。それを聞いたお客様は、今度は「牛筋をたっぷり入れて長時間煮込んだデミグラスソースがおいしかった」と表現することになるでしょう。

しかし、「食べログ」のレビューを見ると、ほとんどが「デミグラスソースがおいしかった」というように表現されています。せいぜい「手間をかけた」という説明があるくらいでしょう。このような表現は、他店との違いや個性が表現されていないため、レビューを読んだ人の心には響きません。では、どのレビュアーにでも評価してもらえる方法はあるのでしょうか？

実はあります。ふだんは使わない、「え、そんな食材の組み合わせが合うの？」というように、食後のイメージがわかない食材をあえて使うのです。もし、事前の期待を事後評価が超えた場合は、この組み合わせの妙がその人のおいしさの評価の項目に突然加わります。しかも、＋20点という高得点が加算されます。

このパターンのメニューは、「初めてだから〝失敗をしない〟メニューを選ぼうという」考え方でメニューを選ぶ新規客や、来店経験が少ない外食ビギナー層は、お店側から強くおすすめしない限り注文しないということがあります。

逆に、レビューを書くため〝何かを探している〟外食経験豊かな客層などが注文するケースが高くなります。その場合、発信力のある客層に店の情報を流してもらえることができるのです。

このパターンのメニューにはもうひとつ利点があります。大手外食チェーンでは稟議が通らないため、あまり真似されないということです。基本的に大手は世の中に浸透するまではなかなか真似しません。売れることがわかって初めて真似をします。

具体的には、フルーツを組み合わせることは効果的です。とくに、生の果実を器にした料理は見た目のインパクトもあり、第3章の「あり得ない食器」の項でもふれましたが、さらに＋10点の加点となります。

また、その料理カテゴリーではあまり使わない食材の組み合わせも、ハマれば高得点が加点されます。

たとえば、高級中国料理店ならフォアグラをウリにできます。焼き鳥屋でもフォアグラはウリになります。和食店ならフカヒレやトリュフといった具合です。その料理では本来使わない、高級食材やユニークな食材を使うことで、事後評価がお客様の事前期待を上回れば＋20点の加点がされます。

●食材の組み合わせの妙　＋20点

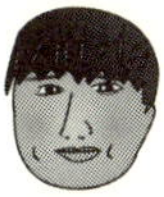

◎事例48　『麺 みの作 本店』（栃木県那須塩原市）

非常識すぎて大ヒット――マヨネーズとんこつラーメン

若い社員の新鮮な発想で思わぬヒット商品に育ったのが、那須塩原にある『麺 みの作 本店』の〝マヨネーズとんこつラーメン〟です。

お店は東北道西那須野塩原ＩＣから10分、国道4号線沿いにあって、女性ひとりでも気軽に入れる雰囲気です。

店の一番人気が「感動的マヨ豚骨麺」（730円）という、とんこつラーメンにマヨネーズを落とした不朽のヒット商品です。食べると、マヨネーズととんこつ双方のこってりした印象ですが、酸味のある味わいで、キレがあり、事前の期待を良い意味で裏切りました。紅しょうがのシャキッと感もポイントです。

この商品は、新店舗を出店する際に、若い社員が開発したものですが、**非常識すぎて、プライドがあるラーメン職人にはまずマネのできない一品です**。テレビ番組でも取り上げられました。

加点ポイント

食材の組み合わせの妙　＋20点

◎**事例49**　『虎峰』（東京都港区）

フルーツと高級食材のマッチング――フォアグラとマンゴー

中国料理店、とくに高級店ならばフォアグラもウリになります。逆に、大衆的な焼き鳥屋でもフォアグラはウリになります。

一般的に、その料理カテゴリーでは使わない高級食材やユニークな食材を使うことで事前の期待を食後の評価が上回れば、+20点の加点がされます。

これをグルメ食材と組み合わせるとさらに加点されます。

東京・六本木の『虎峰』は、2016年にオープンした注目の中華料理店です。30代前半の山本雅シェフは恵比寿の人気店『マサズキッチン』の二番手を務められていたそうです。

私が来店した際は、四川をベースとした小皿料理がコースで出されました。中でも組み合わせの妙という点で絶妙だったのが「フォアグラとマンゴー」の一皿です。

紹興酒で漬けたフォアグラとマンゴーの甘さが引き立っています。中華料理とは言い難いかもしれませんが、フルーツと高級食材という組み合わせが意外な一品に仕上がっていました。

加点ポイント

食材の組み合わせの妙（＋20点）＋フォアグラ（＋10点）＝30点

◎事例50　『三芳』（京都市東山区）

昆布締めの概念を覆す——牛タンの昆布締め

京都祇園の落ち着いた雰囲気の中にある『三芳』は極上和牛の懐石料理店です。このお店でコースの料理の向付として出す定番料理が、手間暇かけた「牛タンの昆布締め」です。牛のタンを3〜4時間昆布で締めているそうです。

一般論としては昆布締めも加点項目となります。しかし、通常、牛タンを昆布締めにするという概念はありません。昆布で締めるのは意外と難しいものです。この商品の場合、昆布締めのイメージがない近江牛（＋15点）の牛タン（＋8点）という高級食材を昆布締めにする（＋15点）ことで大きな加点となるのです。

牛タンの昆布締めはおいしいと思うと同時に勉強になります。思わず口元がにやっとします。昆布締めにした牛タンをフグの白子をペーストにしたソースでいただきます。伊藤力シェフが放つ最高の牛タンの食べ方ではないでしょうか。

加点ポイント

食材の組み合わせの妙（＋20点）＋和牛（＋15点）＋近江牛（＋15点）＋牛タン（＋8点）＋昆

布締め（＋15点）＝73点

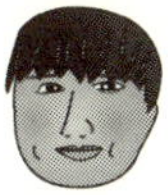

◎事例51『ミチノ・ル・トゥールビヨン』（大阪市福島区）

〝後味を持ち帰る〟逸品――子羊の昆布締め

第1章と3章で紹介した『ラ フィネス』（東京・新橋）の杉本敬三シェフが唯一影響を受けたという道野正シェフのお店です。

味には前味、一口目、中味、後味、思い出す味とあります。世の中の多くのお店はわかりやすい前味、一口目に重きを置いていますが、道野氏は後者に重きを置く、まさに「ザ・料理人」ならではの〝後味を持って帰る〟といったお店です。**技術は見えないところに隠れている**のです。

シェフがつくってくれた料理は、北海道の有名な茶路めん羊牧場の子羊の肉を昆布締めにしたものです。熟成させた仔羊を昆布でしめて旨みと塩気を仔羊に封じ込めてローストした名皿です。昆布は大阪の名店「土居」のものを使っています。卓越した技術は微差に宿ります。その味わいは潮の満ち引きがある海沿いの牧草地で育つ、フランスのモンサンミッシェルの幻の子羊に負けるとも劣らないおいしさでした。

加点ポイント
食材の組み合わせの妙（＋20点）＋昆布締め（＋15点）＝＋35点

2 低温調理の絶妙な〝火入れ〟でお客様を食通へいざなう

◆お客様を「食通」へ誘うプロセス【第2段階】

高級レストランに行くと、「ロゼ色に仕上げています」と説明を受けることがあります。

その背景には、タンパク質の凝固点についての話がありますが、70℃になると完全に火が入り、理論上はおいしくないというロジックがあるからです。

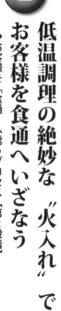

お客様が感じるおいしさにはさまざまな加点要素がありますが、こうした絶妙な火入れを創り出す低温調理は、食べ歩きを始めたばかりの〝食通〟に受ける傾向があるようです。

初めから素材の味や調理技術による微差のわかる人はほとんどいません。そのため食通は理論的な裏付けを好む傾向が強くなります。頭で納得できるからです。

●絶妙な火入れ　＋10点

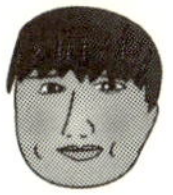

◎事例52　『旬熟成』（東京都港区）

低温で40分かけて焼く――発酵熟成ステーキ

ドライエイジングでも〝枯らし〟でもなく、〝発酵熟成〟という唯一無二のスタンスで今や予約の取れないお店になったのが東京・麻布十番の『旬熟成』です。「熟成炭火焼レストラン」を看板にしております。

成熟ブームの波に乗り、熟成肉を売る店はたくさんありますが、こちらのオーナーの跡部美樹雄氏が開発した「発酵熟成法」は、青カビによる発酵行程を経たもので、100日以上の時間をかけて肉を発酵させるという、従来のドライエイジングとは全く異なる熟成法です。

微生物と酵素の働きによって、おいしさと同時に商品の安定感を出すことに成功したそうです。肉は群馬県産黒毛和牛種の赤城の長期肥育和牛を使用しています。

こうして熟成された看板商品の「旬熟成ＭＥＡＴのステーキ」は、土佐の備長炭を使用し、低温調理で約40分かけてじっくりと焼き上げます。たんぱく質が焼き固まる温度帯に合わせ、肉の中心温度を70度に設定し、ゆっくりと焼き上げることでジューシー感が長時間保たれるという逸品に仕上がっています。

加点ポイント

和牛（＋15点）＋絶妙な火入れ（＋10点）＝25点

◎事例53　『陀らく』（東京都渋谷区）

“焼き”が絶妙――ズッキーニの串焼き

東京・渋谷の東宝シネマ渋谷とマークシティの間にある串焼きの人気店『陀らく』は、ほかでは味わえない希少部位が必ずあると謳っていますが、部位によって鶏の銘柄を厳選した希少部位を味わうことができます。ウズラも新たに入荷を始めました。

こちらの串のシステムはお任せです。苦手なものを聞かれて、次々とおすすめのものが出てきますが、〝焼き〟が非常にうまい店という評判です。

厚切りのズッキーニもオーナーの心意気を感じます。中でも絶妙な火入れのズッキーニが秀逸です。非常に食べごたえもあります。個人的には、火入れの絶妙さが堪能できるため、串打ちしたままの超熱々のほうが好きですね。

私が訪問した際は、串から抜いて、包丁を入れて割ったものとササミと合い盛りで提供されました。このササミの火入れ加減も絶妙でした。

加点ポイント
絶妙な火入れ　＋10点

3 同時に食べ比べる〝エンターテインメント〟性の要素を強めた売り方で顧客教育をする

◆お客様を「食通」へ誘うプロセス【第3段階】

おいしいものに少し興味を持ち始めたお客様がふとグラスワインを頼みたくなりました。

「このカキに合う料理は何ですか？」とソムリエに聞きました。「はい、シャブリです」

「じゃあ、それで」というよくある光景です。

しかし、私は問いたい。このお客様は「カキにはシャブリだな」と、料理とワインを口にしながら本当に思ったでしょうか？　きっと違います。せいぜい、〝暗記〟するだけです。

このような質問をするのはワインに興味を持ち始めたお客様です。この場合、ワインリストを見ただけではどんなワインを選んだらよいかわかりません。

そこで、このお客様には、まず、カキに相性のいい白ワインと相性の悪い赤ワインを少しずつ提供して、飲み比べていただいたらどうでしょうか。よほどの味覚音痴でない限りは、明らかに合わない赤ワインは選ばないはずです。

このお客様は、「赤は合わないな」ということがわかるでしょう。これが大切なのです。どんなに味覚に自信がない人でも、はっきりした違いあるものを同時に飲み比べたり、食べ比べたりすればその差はわかります。「差」という概念を理解したところで、徐々に、違いが少ないものを同時に比べていきます。そうすると、次は「微差」がわかるようになります。

これが私の顧客教育の切り札である「**二種同時対比**」です。

ここ数年、私が徹底的に研究してきたコンテンツです。これは、脳科学的に裏付けのあることで、「試験前に徹夜で詰め込んだ記憶はあっけなく消えていくが、興味があるものはすぐに覚えられる」（『受験脳の作り方』（新潮社刊）という脳科学的な裏付けにも関連しています。

「最初から味がわかる人はいないが、お客様を味がわかる人にするとお客様が離れない」

これも私の経営哲学です。二種同時対比というのは、食通に提供する「微差」から、食べ歩きを始めたばかり食のビギナー層に提案する「大差」まで、さまざまなバリエーションがあります。

「大差」は、輪郭がくっきりした、〝初心者〟でもわかる違いをさします。こちらは＋10点の加点となります。「微差」の加点はお客様に伝われば＋2点程度でしょう。

この「大差」というきっかけをお客様に与えて、要領よく鍛錬すればお客様はどんどん違いがわかるようになります。その結果として「微差」がわかるようになれば、食べることがもっと楽しくなります。高いものもあえて注文するようになります。エンターテイメント性というのは、「食べ比べて楽しむ」対比メニューにもあるのです。

●二種同時対比（大差がわかる）　＋10点
●二種同時対比（微差がわかる）　＋2点

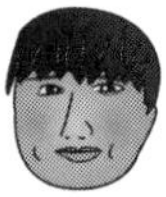

◎事例54『太平寿し』（石川県野々市市）／『五丁目 千 きいろ』（東京都港区）

「食通」へいざなう！——刺身と握りの同時提供

同時対比の一例を挙げましょう。

石川県野々市市の寿司店『太平寿し』は、「食べログ」のレビュアー絶賛の超繁盛店です。甘エビの青い卵をシャリに混ぜた握り、ノドグロをお酒でやわらかく蒸した握りなど、一貫一貫に施す丁寧な仕事はさすが地方の名店と言えましょう。

こちらの店がレビュアーに評判な理由に、〝同時対比〟で展開する握りの提供方法があります。たとえば、ヒラメなら握りと刺身が同時に供されます。軽く炙った赤イカは、刺身と塩辛をのせた握りで、能登のナメラ（キジハタ）もやはり握りと刺身で供されます。

すべてのネタが同時対比で供されるわけではありませんが、刺身と握りの味わいの〝差〟を楽しむことができます。その差がわかると、食べることがもっと楽しくなります。食べることそのものがエンターテイメントと感じさせてくれます。これで客単価2万円ぐらいはすばらしいコストパフォーマンスですね。

似たような同時対比の事例をもうひとつ紹介しておきましょう。第4章の「胡麻豆腐」の項で紹介した東京・外苑前の和食店『五丁目 千 きいろ』も刺身の同時対比が楽しめます。

たとえば、「本日の刺身三点盛り」ですが、アオリイカは、上に寝かせたアオリイカ、下におそらく寝かせていないミミの部分、そのまま切り付けたものと表面を炙ったものと、二種を同時対比で味わえるようになっています。さすが『神田川』出身の料理人です。魚をよく知っています。

加点ポイント

二種同時対比（大差がわかる）　＋10点

【コラム】 なぜ、「裏メニュー」がある店は繁盛するのか

お客様に発見してもらう「裏メニュー」が長い繁盛のカギにも

メニューブックで大切なことは、お客様の来店経験に応じてオファーを変えることです。新規客はお店のことをよく知りませんから、お店がおすすめしているであろう、写真が入っていたり、大きく書かれていたりするメニューを選びます。そして、その料理を気に入り、何度となく来店しているとある日突然、いろいろなものが見えるようになります。そうすると、今まで見えなかったメニューを注文します。

最初は受け身だったお客様も食へのSNSなどの発信者になり知識を広げたり興味を持ったりすると、自分だけが知っている情報を欲するようになります。自分だけが知っている〝優越感〟とも言えるでしょう。そのためには、なんでもかんでも見せるのは野暮です。誰が見てもわかるようにするのではなく、お客様が情報のアンテナを張ることで、お客様自身の力で知るようになったと思わせるような仕掛けをつくる必要があります。

このような常連のお客様に発見されるメニューの代表が「裏メニュー」ですが、こ

れも採点要素としては＋15点の加点となります。

アメリカの人気ハンバーガーショップの裏メニュー

カリフォルニアでいちばんおいしくて、〝本物〟を追求しているハンバーガーショップを紹介しておきましょう。

『IN-N-OUT BURGER Goleta（インアンドアウトバーガー）』は、西海岸を主体に今急成長しているハンバーガーチェーンです。品質の高いハンバーガーを提供するお店として評判です。それを自負するようにメニューボードを覗くと、ハンバーガー、チーズバーガー、ダブルバーガーの3種類しかありません。フレッシュなミートに、生の玉ネギ、フライドポテトだって注文が入ったら、ジャガイモを特殊な機械で裁断してから揚げます。

でも、私が一番好きなのは裏メニューです。この店は、表向きは最高品質を維持するために3種類しかメニューを用意していませんが、予想されるお客様の要望をメニュー化しているのです。

たとえば、肉を多くしたければ、3×3（スリー・バイ・スリー＝肉が3枚、チーズが3枚のっているもの）や、4×4（フォー・バイ・フォー＝肉が4枚、チーズが4枚のっている）が用意されています。また、炭水化物ダイエットの人向けには、プロテイン・スタイルというバンズが無く、レタスでくるんだ野菜巻き肉のようなものが提供されます。

ポテトにも裏バージョンがあります。フレンチフライのアニマル・スタイルがそれです。ふつうのフレンチフライにバターで炒めた玉ネギをのせて、仕上げにチーズをのせてくれる。濃厚な味わいで、若者に人気があります。これが、創業期からあるようなので驚きます。

裏メニューは増え続けている

マクドナルドはアメリカのどんな地方都市に行ってもメニューが多いのが特徴です。何を注文しようか迷うくらいです。日本でも、品質にこだわるモスバーガーですら、メニュー数が多いです。それは、店数が増え、小商圏化する時代、メニューを増やし幅広い品揃えをすることはお客様の利用シーンを増やすという理屈に基づくものです。店数が増えるにしたがって、小商圏化するので、メニュー数が増えるのはもはや業界の常識です。

それなのになぜ、『インアンドアウトバーガー』は3種類のハンバーガーしかメニューボードに書かないのでしょうか？　そして、なぜやっていけるのでしょうか？

どんな店でもメニュー開発をします。そのときに、今まであったそれなりに人気のある商品は残す場合が多いものです。仮に、開発した商品と競合する関係にあったとしてもです。すると、売上構成比は分散化して、廃止を判断することが難しくなります。

なぜ、開発に力を注いだ新商品を、あえてＡＢＣ分析のＢランク商品だったとして、廃止できないのでしょうか？

このことに対して質問すると、多くのオーナーは決まってこう言います。

「このメニューけっこう出るんですよね……」

この言葉に秘められた意味はこうです。

「お客様がある程度注文するメニューは、やめるとお客様を失うリスクがあるからやめられない」

だからメニューは増えてしまうのです。

売れない習慣からの決別する勇気を持つ

栃木・那須塩原の『麺 みの作 本店』のマヨネーズとんこつラーメンの事例を紹介しましたが、このヒット商品の開発秘話をもう少し詳しく話しましょう。「売れない習慣からの脱却」という面では役立つと思いますので。

私は以前、この店のメニュー開発にかかわったのですが、その際に生まれたのがマヨネーズとんこつラーメンです。若い社員が、新しい店舗を出店する際に、この商品を開発したのですが、おもしろいと思った専務とラーメンらしくないと思ったほかの役員の間で判断がつかないために、私に判断を仰ぐことになりました。

試食をしてみると、マヨネーズとんこつ双方のこってりした印象ですが、酸味のある味わいでキレがあり食べると事前期待を良い意味で裏切りました。

「これは売れるな」

業界に価格のスタンダードのない新しいラーメンなので値段も高めにつけられ、メリットが多いのでマヨネーズとんこつラーメンの導入を決めました。問題は、定番のとんこつラーメンの存在でした。とんこつラーメンをどうするのか？ 熟慮の結果、廃止することにしました。

当時、私は、時代の波にのり、生産性の追求に邁進していたので、原価率が極めて低いマヨネーズとんこつラーメンにお客様がスイッチするのはメリットが大きいと判断したからです。ただ、とんこつラーメンを食べたい人に無理強いをすることは不満の原因になると判断しました。「ふつうのとんこつラーメンできますか？」というお客様には応じることにしたのです。

実は、これが、発見だったのです。

まず、あえて定番だったとんこつラーメンをやめ、マヨネーズとんこつラーメンに絞ったことで、５８０円から６８０円に単価アップし、売上げが上がりました。また、1日に70杯以上売れたこの商品のおかげで、店全体の原価率も大幅にダウンしました。次に、お客様の希望で、ふつうのとんこつラーメンにした場合、６８０円でもお客様は、「自分の要望を聞いてくれた」ということで満足していただけるということがわかりました。

そのときに私は気づいたのです。

「売れ続けない習慣は、売り方に問題解決のカギがある」ということを。

「お客様を失わないためにすること」は意外とお客様に喜ばれていません。つまり、メニューブック上のメニューをやみくもに増やしていくことは、お客様との信頼関係を築けず、楽をしているだけだということに気づいたのです。

お客様の信頼を得るということは、この店は「これはやってくれる」とメニューに書かれている範囲を超えて常連としてサービスしてくれることです。

だから、一見のお客様や、店のことをよく知らないお客様がわからないような裏メニューがあってもいいわけです。

『インアンドアウトバーガー』の裏メニューですが、訪問した際にドライバーを務めてくれたクリスさんが裏メニューの存在を知ったのは、初めての来店から3年もたった後でした。でも、それでよかったのです。このお店は、お客様と長く付き合うことを前提にお店を運営しているため、お客様を信頼しているのです。

「縁があれば、お客様は気づいてくれる」と。それが「今、すぐ」である必要はないのです。

第6章
お客様がメニューを評価する際に長所にも短所にも働く視点に注意！

◎お客様の期待を裏切ると一気にメニューの評判は落ちてしまう！

1 「満腹感・ナトリウムの刺激・咀しゃく」はベースとなる加点要素

◆おいしさの採点表の前提となる評価項目

私は44歳の時に子供を授かりました。かわいいのはもちろん、神様は、私に気づきや格好の研究材料を授けてくれたと思っています。

生まれたばかりの子供はとても〝わがまま〟です。お腹が空いた、うんちやおしっこの世話をしてほしいと、「おぎゃー」と全力で泣きますよね。お腹が空いていれば、おっぱいに吸い付いて、いつの間にか眠ってしまいます。

母乳を飲むことは、生きる糧そのものです。満腹中枢を刺激します。それと同時に、赤ちゃんは、お母さんの愛情を受け取るのだと思います。

母乳は最初のおふくろの味であり、おそらく、実際は個体差が大きいのでしょうが、とてもシンプルな構成要素です。

おいしさの採点表にリストアップした人はほとんどいないと思いますが、おふくろの愛はとても大きく、歳をとるにつれて無意識にその愛を評価するようになるというのが私の仮説です。

「満腹感」という評価項目

おいしさに対する期待値は人それぞれです。

たとえば、食べることに興味がない人であれば、食べ物の本質的な機能だけを求めるため、お腹を満たせば十分でしょう。そういう人も少なからずいます。

「おいしい」という感情を数値化するうえでは、「満腹感」という機能的な評価はとても大切だと思います。食通になるほど、「満腹感」は軽視されがちですが、満腹中枢の刺激は、人間という動物としての性質そのものですので、評価項目としてのウエイトは高いように思います。これは、まえがきでふれた4つの評価項目の①「人間という動物としての評価項目」に当たります。食べ物によるお腹を満たす刺激を、私は「満腹中枢の刺激を加える」と表現しています。

満腹中枢を刺激する方法には、胃袋を急激に満たす方法があります。「お腹いっぱい」な状態にすることですが、この場合、できれば噛まずにやわらかいものを胃袋に一気に流し込むのが最高ですね。だから牛丼やラーメンは人気があるのでしょう。牛丼、カレー、B級グルメはこうした点で商品設計がよくできています。

「ナトリウム、糖質の摂取」という評価項目

次に、ナトリウム（塩）や糖質の摂取による電気的な刺激があります。ただ、脳に急激な信号を送るには、〝関所〟となる舌をごまかして体内に送り込まないといけません。

そこで、ナトリウムであれば「味の素」のような旨み調味料を加えて、糖なら酸で舌の感じる度合いを大きく減らすことができます。もちろん、「辛さ」「サク味（サクサクした食感）」などの食感による三叉《さんさ》神経の刺激も加えて、最高の「うまい！」という電気信号を送ります。たとえば、焼き鳥屋で、焼き台の職人がやたらと塩を振っている光景を見ますが、実際は塩ではなく「合わせ塩」を使っていることが多いのです。

余談ですが、私はよく「塩」「塩と味の素」「塩と味の素とブラックペッパー」の3種類の調味料をつくり、講習会の参加者に食べ比べていただきます。その反応がおもしろいですね。大量にかければ、思わず「うまい！」と叫んでしまう魔法のレシピです。ご飯にかけてもうまい。人に知られたくないのですがここで公開しちゃいます。

「塩：味の素」＝「1：1」の配合なら〝ハッピーターンのような味〟と生徒さんが

表現します。「塩：味の素：ブラックペッパー」＝「1：1：1」の配合なら〝外食チェーンの味〟だと表現します。つまり、ここに香辛料やソースなどを加えて秘伝のスパイスとか秘伝のタレと言っていますが、基本はこの「塩」の強い刺激なんです。

「咀しゃく」（歯ごたえ）という評価項目

そして、もうひとつ満腹中枢を刺激する要素に「咀しゃく」があります。咀しゃくとは「噛む」ことですが、食感による三叉《さんさ》神経の刺激も含めます。「サクッ」「カリッ」とした歯ごたえなどもおいしさに影響を与えます。この咀しゃくも加点要素とします。

歯ごたえがある料理は、よく噛んで、ゆっくり食べてもプラス20点分のおいしさを味わうことができます。ただし、ゆっくり噛んで食事をするというのは生活習慣に関係しますので、それまでの環境で決まります。つまり、4つの評価項目の②「それまでの人生で身につけた評価項目」に当たります。

これらの特徴を斟酌して、加点要素としておいしさを数値化します。

●胃袋が急激に満たされる（満腹感）　＋40点

●「ナトリウム」「糖質」が摂取できる　各＋20点
●咀しゃく（歯ごたえがある）　＋20点

したがって、たとえば、「塩味がしっかりあり（＋20点）、歯ごたえのある（＋20点）、メニューで手軽に満腹感（＋40点）が得られると、お客様のおいしさの評価に＋80点が加算されることになります。

2 「有名店・有名シェフ・マスコミ情報」は大きな加点要素となる

◆自分の味覚に自信が持てないから〝世間の評判〟が大切

デートすることになった。あるいは、接待で店を選ぶことになった。あなたならどうしますか？

昔の人なら、人から聞いたり、当たって砕けろといろいろな店に入って開拓をしたりしたでしょう。現に私が霞が関で役人をしていた若いころは、お小遣いをいただいて、忘年会に使う店の下見に行ったものです。

しかし、今や情報化社会です。スマートフォンという優秀なコンピュータを誰もが手にすると、ネットの情報を駆使して店選びをします。店の下見もしないで選ぶ人も多いと思います。

このように初めての店を選ぶときに、まず、失敗しなさそうな店を選ぶはずです。そのため、ネットで悪いクチコミをなめるように見る人もいるかもしれません。そういう心配の種がある店を外したうえで、店選びをするのではないでしょうか。

「大事な接待の店を選ばないといけなくなった」ような場合、自分以外の第三者の評価をあてにするでしょう。

第三者は「食通」である必要があります。セレブリティ、料理研究家（評論家）、食通の芸能人、格付け誌など、多くの人のお墨付きがあればあるほど、「おいしいんだろう」と思うはずです。

つまり、店選びの参考にしたネット情報は、「おいしさの採点表」に少なからず影響を与えます。

それが、好きなタレントや信奉してやまない人からの情報であれば、かなりの影響を受けるでしょう。つまり、自ら情報を発信する情報の風上にいる人の情報というのは、とても重要な役割を果たすのです。その結果、「有名店」「有名シェフ」「マスコミ情報」は大きな加点要素になります。

マスコミは情報発信するという性質上、旬な店やわかりやすい大衆店が大好きです。したがって、マスコミに対するロビー活動（政治力）はとても大切です（具体的にはPR活動など）。そういう意味で飲食店は「情報産業」とも言えます。こうした要素も数値化します。

※何度も繰り返し述べていますが、点数はあくまでも筆者の主観に基づくものであることをお断りしておきます。

- ●有名店である　＋20点
- ●超有名シェフがいる　＋50点
- ●（一般的に名を知られた）有名シェフがいる　＋20点

ここでは、「有名店」より「有名シェフ」のポイントをかなり高くしていますが、これはタレントや芸術家として代替性がないことの意味を含めています。だから、有名店（＋20点）で有名シェフ（＋20点）がいれば、おいしさの評価は「＋40点」が加点されることになります。

続いて、マスコミの情報を数値化します。マスコミ情報は、情報が発信（掲載）されてからの〝鮮度〟が加点要素を左右します。ですから、複数のメディアに途切れなく紹介されると加点要素が高まります。

- ●情報発信以来3日以内　＋20点
- ●その後1か月まで　＋10点
- ●1か月後～2か月後　＋5点
- ●3か月～6か月後　＋2点

（これ以後は消滅）

したがって、超有名シェフがいる（＋50点）、有名店（＋30点）が、テレビで紹介された翌日（＋20点）にその店に来店したお客様のおいしさの評価は、＋１００点も加算されるのです。

わかりやすく言えば「ほとんどの人は本当の素材の味や調理技術がわからない」ので、私のロジックにあてはめれば、そのお客様には、超有名シェフがいる（＋50点）、有名店（＋30点）が、テレビで紹介された翌日（＋20点）分の〝100点が暗黙のうちにかさ上げされて〟、ふつうにおいしい味わいだったとしても、見た目の特徴などのちょっとした加点要素があれば、「おいしい！」と高く評価されてしまうわけです。

3 場所・立地のイメージは得点を左右する

◆場所のイメージは、お客の〝おいしさの採点表〟を左右する

たとえば、『吉兆』のような〝有名料亭出身〟というと、おいしい料理をつくりそうだというイメージがわきますね。

この場合は、前出の有名店出身というのは、おいしさの加点要素（＋20点）がまずあるのは言うまでもありません。

一方、「食べログ」のレビュアーは食べ歩きのために情報収集しています。レビュアーが「おいしい店がある（実際ありますが）」と認識しているエリアは、有名レビ

ユアーが食べ歩きの店の発掘および情報発信に心血を注いでいると言っても過言ではないでしょうか。

これを踏まえると、有名レビュアーが出没する店があるというエリアに出店すると加点要素になるのです。

つまり、たとえば吉兆出身の無名の料理人が鎌倉に出店した店の場合、〝有名料亭出身〟のほかに京都、すなわち、〝京都の有名料亭出身〟ということが加点要素になるのです。

こうした場所のイメージからみた大久保式の加点要素をまとめてみました。場所によってあらかじめ点数が決まってしまうということを考えると、出店場所はとても大切だということがわかりますね。

●京都	大衆店＋10点	高級料理店＋30点
●銀座	大衆店＋10点	高級料理店＋20点
●鎌倉	大衆店＋10点	高級料理店＋15点
●青山	大衆店＋10点	高級料理店＋20点

●博多	大衆店＋10点	高級料理店＋10点
●札幌市中心部	大衆店＋10点	高級料理店＋10点
●神戸市中心部	大衆店＋10点	高級料理店＋10点

4 誇大表現は厳禁！　期待を裏切ると一気にメニューの評判は落ちてしまう

◆悪い先入観、入口対応、誇大表現という「マイナスプロトコル」

おいしさは基本的に、「お客様のおいしさの採点表」にあるリストの加点方式で採点されています。

その一方で、さまざまな事情で減点される要素もあります。これをマイナスプロトコルと言います。

最後に、減点される要素を見てみましょう。

●悪い先入観

「観光地のレストランはおいしくない」という先入観があります。これは、先入観による「アンカリング効果」と言われるもので、事前期待を減じるだけでなく、実際の評価自体も下げてしまいます。

料理自体はそこそこおいしいものであったとしても、「おいしくない」という先入観が邪魔をしているのです。

このような、先入観によるアンカリングはままあります。食べ歩きが目的の、食通になればなるほど、一度の失敗が後の思い込みとも言える先入観につながることがよくあります。

●入口での対応

お店の入口やレセプションでのお客様への対応は、その後の食事の評価にも影響を与えるため、おいしさについても加点材料にも減点材料になります。対応が良くない場合は、マイナス20点とします。

また、料理の注文時の不甲斐なさも、「大丈夫？　この店……」となりますので、その後のおいしさに影響を与えます。やはりマイナス15点とします。

●〝誇大表現〟は大きな減点になるケースも

売らんがために、ついつい提供クオリティ以上の誇大表現をすることがあります。それが、普段、食べなれているものであると、その誇大表現があだとなることが多いです。食通の人であればより厳しい評価が下されます。

一般的には、味わいの評価になる項目が対象になりますが、味わいは嗜好性の部分であり、人によって評価が分かれることに由来します。

この場合、誇大表現をしたために、せっかく加点されたポイントがそっくり無くなります。

場合によっては倍返し的に加点される点数がそのままマイナス点として減点されてしまうことが多いです。

●特大エビフライの偽り

エビフライはサンプルと異なる場合が意外と多いという先入観がありますね。実際に提供されたものがお客様の事前期待に添わない場合、エビフライにとどまらず、ほかの料理にも影響を与えます。

これこそまさに負の連鎖です。

第2章ではエビを使うと＋5点としましたが、期待を裏切った場合はマイナス5点の倍返しとなりますので注意してください。

本書で取り上げてきた加点項目は、あくまでも筆者の主観によるものではありますが、と同時に多くの人に共通性のある項目だとも考えています。それを踏まえて、お店の料理の組み立ての参考にしていただければ嬉しい限りです。

大久保一彦（おおくぼ・かずひこ）

1965 年神奈川県生まれ。繁盛飲食店のために勉強代行業をメインの業務としている。経営思想家、大久保一彦商売繁栄塾塾長。

1997 年コンサルタントとして独立。当初は、東和フードサービス、ハイディ日高、とんかついなば和幸、などチェーン起業の現場改善・業態開発・メニュー開発のブレーンとして活躍。【100 年経営】【1 店舗 1 億円】を掲げたコンサルティングを展開し、売上げの上げ方、客数増、リピーターのつくり方、高級店のつくり方などを提言し、ただ安いだけの店づくりの切り口とはひと味ちがった ” 非常識ルール ” に則った儲け方の提言を、講演、雑誌、著書を通じておこなっている。

著書に、『[カフェ] の始め方・儲け方』(小社刊)、『誰も言わなかった飲食店成功の秘密』(フォレスト出版刊)、『行列ができる店はどこが違うのか』(筑摩書房刊)、『飲食店バイブル　儲かる！　売れる！繁盛店のアンケート術』(日経 BP 刊) など多数。

非常識に売れる最強メニューが
だれでもつくれる成功方程式

2016 年 9 月 12 日　初版発行

著　者　　大久保　一彦
発行者　　常塚　嘉明
発行所　　株式会社　ぱる出版

〒 160-0011　東京都新宿区若葉 1-9-16
03(3353)2835 ― 代表　03(3353)2826 ― FAX
03(3353)3679 ― 編 集
振替　東京 00100-3-131586
印刷・製本　中央精版印刷（株）

ISBN978-4-8272-1017-0　C0034